いま見直したい！ 食材の買いグセ

みんなの買い物大全

はじめに

例えば、
フルタイムで働きながら子どもを育てているママ。
でも、夫は仕事が忙しそうで、家事への協力はあまり期待できない。
重たい米も調味料も、ときには水まで、
すべてをスーパーで買い、自転車に積んで持ち帰っている。
毎日、毎日、仕事帰りにスーパーに行っているのに、いつも買うものが満載……。
こんな日々を送っていたら、くたくたになって当然ですし、
自分の時間をもつどころか、ほかの家事だってなかなか思うようにできません。

日々忙しく疲れている中、毎日、スーパーに行っていたら、
今日も頼ってしまうのかと、心の中でちくりと罪悪感を抱きながら、
ついつい、お惣菜に手が伸びてしまうことも増えるはず。

毎日、スーパーに行くから、特売の文字をあちこちで見かけ、
「がんばってスーパーに来たかいがあった！」と、喜んでかごへイン！
ところが、帰宅したら同じ野菜が冷蔵庫の中で、
〝でろ〜ん〟としているのを発見したり、
前回の特売で買った缶詰やら加工品で収納スペースがいっぱいだったり。
〝買い物あるある〟、ではないでしょうか？

惣菜や、ときに外食に頼ることがあってもまったく問題ないし、
節約のつもりで買ったのに、節約じゃなかったなんてことだって、
だれしもが通る道。家事を上手に回しながら仕事をし、
キラキラ輝いているように見える人たちだって、もちろん、同じです。

でも、それが常態化してしまい〝いつも、そう〟なら、
ちょっと日々の買い物を見直すときかもしれません。

今回、この本に登場するのは、心地よい暮らし研究会のメンバー、5人。
家事への考え方、食へのこだわり具合、自分の裁量で動ける時間の量、
そして買い物の仕方など、それぞれ違いますが、
みんな、自分と家族がより心地よく暮らすには？と、真剣に考え、
より自分たちに合うスタイルになるよう、日々模索しているのは同じ。
5人とも、小さな改善を繰り返しながら、暮らしています。

家事といえば、炊事、掃除、洗濯を
まず、思い浮かべる人が多いのではないでしょうか？
だから、少しでも家事をラクにしたい、時短したいというとき、
この3つをどうにか工夫しようと考えてしまいがち。

でも、〝買い物という家事〟は、炊事の一分野くらいに捉えられがちにもかかわらず、
ほかの家事と比べてもかなりの時間が取られるうえ、
なかなかたくさんのミッションが含まれる苦行です。

買い物する場所まで移動する必要があり、
往復する時間と、買い物する時間を奪われる。

食材の在庫を思い出しながら買い物をし、
あれこれメニューを考えたり、
たくさんの食材の中から見る、決めるを繰り返したり。
買うべきものが増えるほど、頭のメモリを大きく奪われる。

多くの人をかいくぐり、時計を見つつ焦りながらレジに並び、
ときには自分の子どもたちによる〝買って買ってのギャン泣き〟に
心の余裕も奪われる。

そして、購入したものを自宅まで運ぶ苦行が追い打ちをかけ、
体力までも奪われる。

こんな負のスパイラルを生んでしまうこともあるから、
買い物という家事を改善することは、
心地よい暮らし研究会の5人にとって、
より暮らしを心地よくするために必要不可欠なことでした。

みんな子ども2人を育てる主婦です。
家族の成長に合わせ、試行錯誤を繰り返しながら買い物法を見直してきました。

そして、買い物の仕方を見直してみたら

- 毎日、スーパーへ買い物に行かなくてよくなる
- 重たい荷物を運ばなくてもよくなる
- お惣菜を買わなくても、日々の食卓が問題なく回せる
- 余裕が生まれ、料理自体に時間がかけられる

- 冷蔵庫の中で食材をダメにしてしまう頻度が減る
- 家にある食材で、料理をするスキルが身につく
- 調味料や定番の加工品をいつでも過不足なくストックできる
- 新しい視点で食材を選ぶから、時短料理が得意になる
- 冷凍食材についての認識が変わり、頼りにできる
- 食材費の管理がうまくできるようになり、結果的に節約できる
- いつもおいしいお菓子が家にあるから、カフェに行かなくなる
- 災害時に助かる備蓄ができ、心の平穏につながる
- 自由になる時間が生まれ、家族や自分と向き合う時間が増える

などなど、メリットが多く、日々がどんどん心地よくなってきたのです。

じっくり、心地よい暮らし研究会の買い物法を読み込んで、
あなた自身の買い物について、見直してみませんか?

目次

＊紹介されている商品やサービスは、取り扱いがなくなったり変わったりする場合があります。
＊紹介されている商品のパッケージは撮影当時のもので、変更になる場合があります。
＊紹介している内容は取材時の状況です。個人の感想やアイデアであり、すべての人にあてはまるわけではありません。

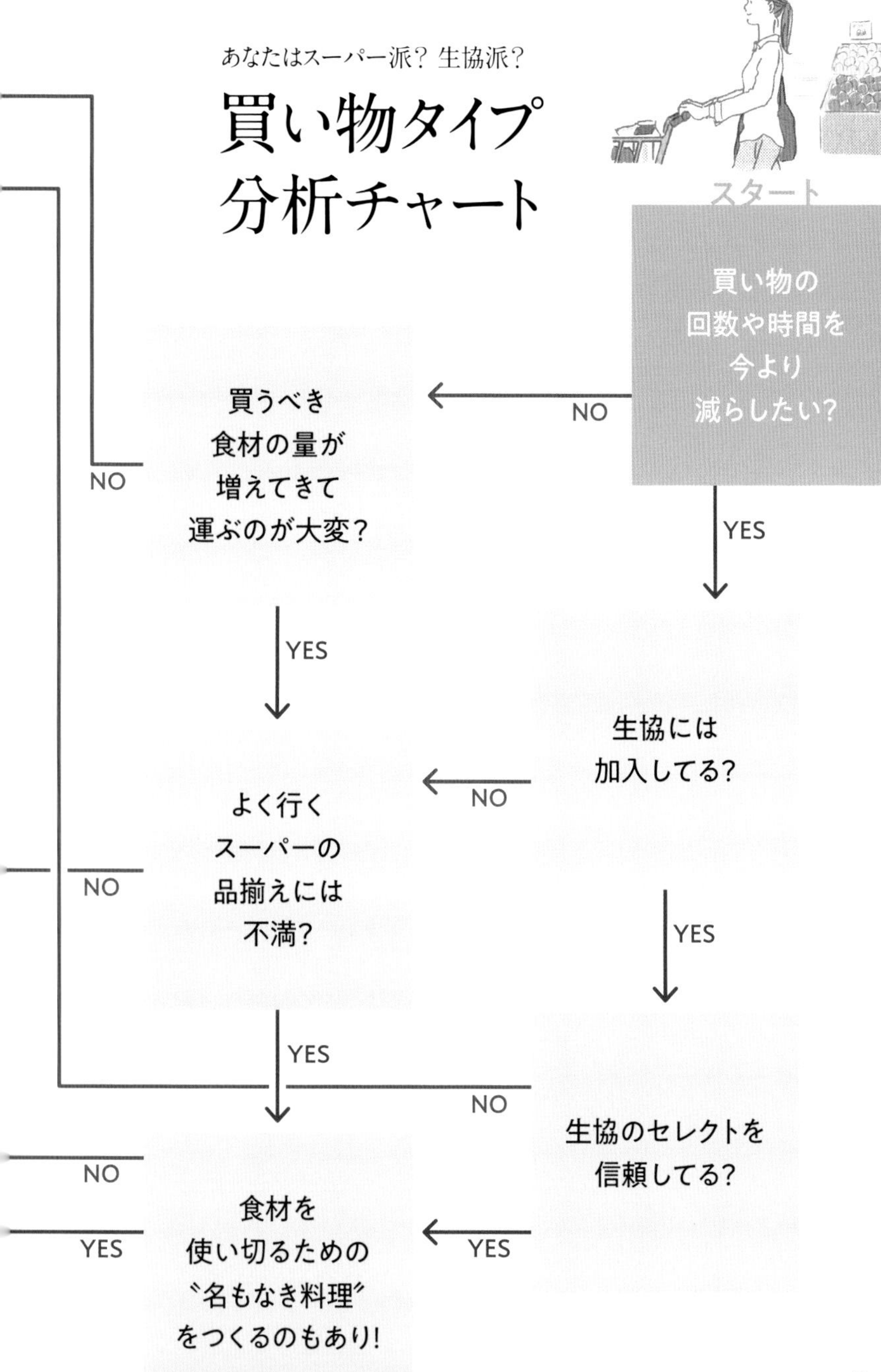
あなたはスーパー派？ 生協派？
買い物タイプ
分析チャート
スタート
買い物の
回数や時間を
今より
減らしたい？
NO
YES
買うべき
食材の量が
増えてきて
運ぶのが大変？
NO
YES
生協には
加入してる？
NO
YES
よく行く
スーパーの
品揃えには
不満？
NO
YES
生協のセレクトを
信頼してる？
NO
YES
食材を
使い切るための
〝名もなき料理〟
をつくるのもあり！
NO
YES

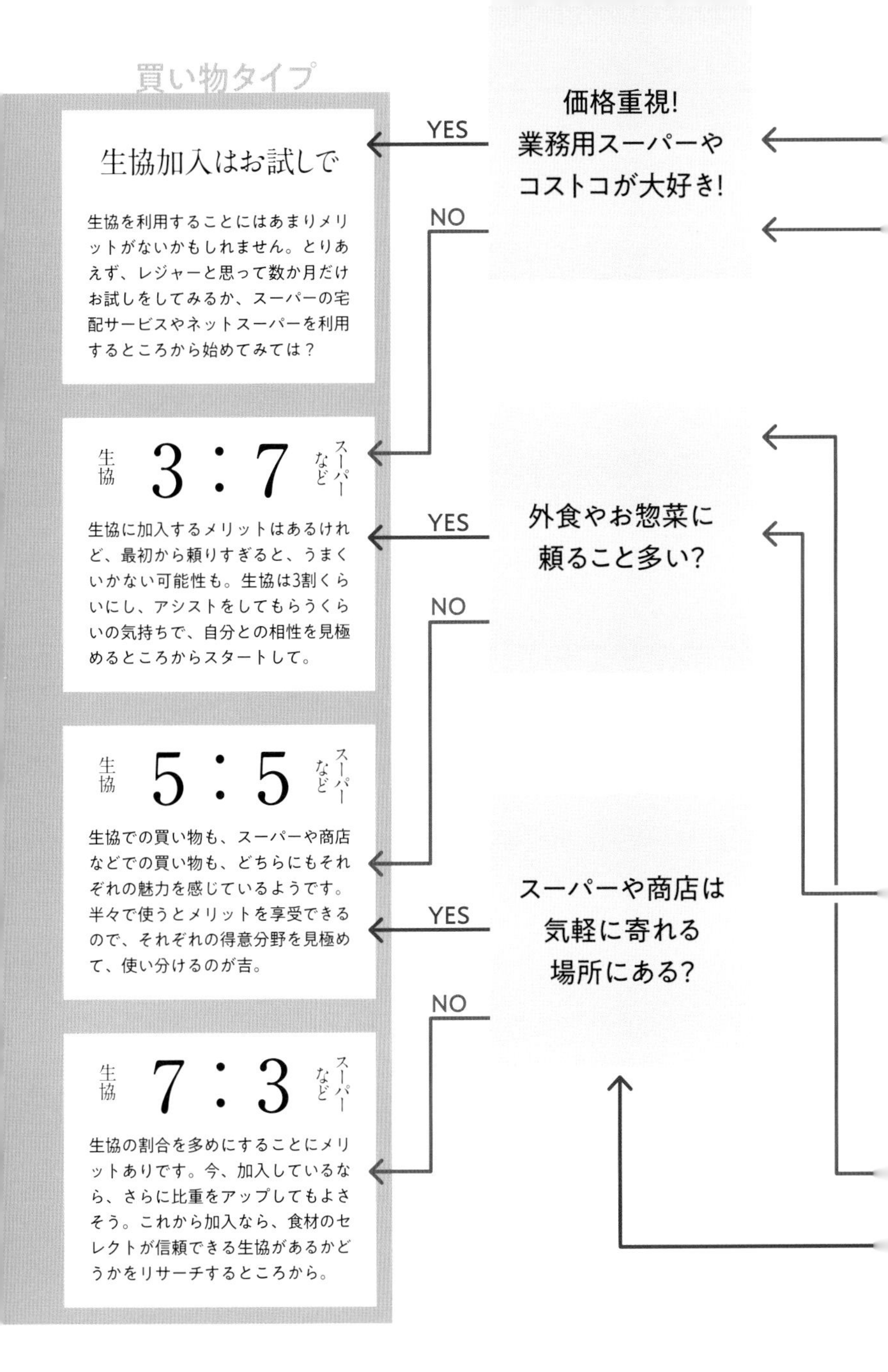
買い物タイプ
生協加入はお試しで
生協を利用することにはあまりメリットがないかもしれません。とりあえず、レジャーと思って数か月だけお試しをしてみるか、スーパーの宅配サービスやネットスーパーを利用するところから始めてみては？
生協 3：7 スーパーなど
生協に加入するメリットはあるけれど、最初から頼りすぎると、うまくいかない可能性も。生協は3割くらいにし、アシストをしてもらうくらいの気持ちで、自分との相性を見極めるところからスタートして。
生協 5：5 スーパーなど
生協での買い物も、スーパーや商店などでの買い物も、どちらにもそれぞれの魅力を感じているようです。半々で使うとメリットを享受できるので、それぞれの得意分野を見極めて、使い分けるのが吉。
生協 7：3 スーパーなど
生協の割合を多めにすることにメリットありです。今、加入しているなら、さらに比重をアップしてもよさそう。これから加入なら、食材のセレクトが信頼できる生協があるかどうかをリサーチするところから。
価格重視！業務用スーパーやコストコが大好き！
YES
NO
外食やお惣菜に頼ること多い？
YES
NO
スーパーや商店は気軽に寄れる場所にある？
YES
NO

1章
買い物上手になる
10のルール

ルール1
やっぱり
なにはともあれ、
宅配生協にトライ
や
KYO

買い物をラクにするためのアイデアを知りたくてこの本を開いたのに、まず実行すべき1番目のルールが生協加入というのは、ちょっと反則では？　と感じる方もいるかもしれません。とはいえ、心地よい暮らし研究会のメンバーは5人とも生協の愛用者。加入先を変えながらも、15年以上、生協を愛用しているという人もいるほどで、やっぱり賢く買い物をして、**時短&ラクしたいなら、生協に加入をしたほうがいい**というのが、5人の共通見解です。

子どもが生まれる前後の身動きが取りにくい時期はもちろん、子どもが大きくなって、必要な食材が増えてくるタイミングでも、生協には大いに助けられていると感じているそう。わかりやすい大きなメリットは、家の玄関まで食材を届けてもらえるということ。**スーパーまでの往復、会計までの待ち時間、食材を詰める作業などが不要**になり、かなりの時短になります。ぐずる子どもを連れて、重いものを運ぶ。これがないだけでも労力と心のストレスが激減。ちょっとした**すき間時間に注文ができる**のもメリットです。家事を家政婦さんにお願いすることのハードルはかなり高いですが、生協加入ならぐっと身近。でも、**家政婦さん並みに暮らしを助けてくれる存在**になってくれます。

宅配生協をおすすめする理由

食材が玄関に届くって本当にラク。体力の温存と時間の確保ができます

パッケージ裏の原材料チェックという小さな、でも膨大な手間を大幅にカットできました！

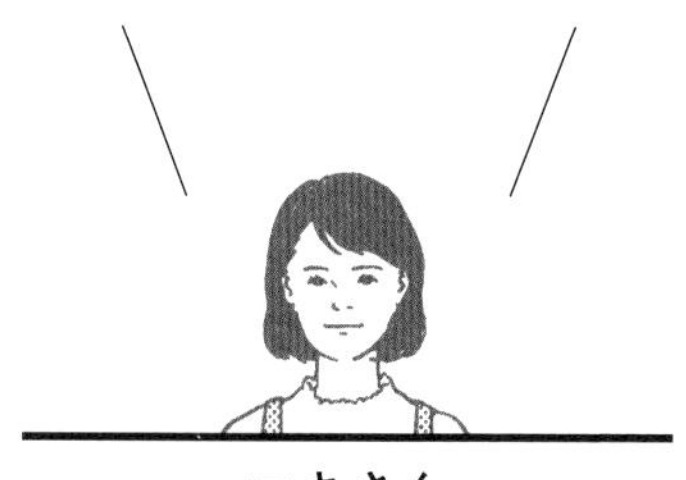

マキさん

配達員さんが玄関まで自分の買ったものを運んできてくれる。それがなにより感謝なこと。わが家はエレベーターのない3階で、重い荷物を持って階段を上がるだけで重労働ですし、ちょこちょこ買いは時間を取られます。生協のおかげで、子どもとしっかり向き合う体力と時間が確保できるようになりました。

大木さん

スーパーで、商品の裏にある原材料を確認しながら買い物をするのは、ちょっとしたことのようですが、なかなかの手間です。選択基準が自分に合う生協が見つかれば、生協の人が代わってチェックをしてくれているようなもの。信頼できる生協にまかせたら、手間と時間が大幅にカットされました。

長年、スーパーでの
週1まとめ買いでやりくり。
子どもの成長で量が増え、
足りないので生協加入。
買い出しは週1をキープ

有機無農薬野菜に
こだわりたいし、
量もたくさん必要。
生協なしでは、
もう回せません

近藤さん

有機無農薬など、野菜の質にはこだわりたい。でも、それらをスーパーや自然食品店で揃えようと思うと、数店舗を回る必要があったり、鮮度に不満を覚えたりと、なかなか満足できない状況でした。野菜へのこだわりが自分の価値観に近い生協が見つかったことで、大幅な時短につながっています。

宇高さん

買い物回数を減らすことが時短になるので、週末の1回のまとめ買いが長年の習慣。とはいえ、子どもの成長に合わせて1回で買うのは大変な量になってきたので、宅配生協をプラスして、買い出しは1回ですむようにしています。おいしい野菜と安心できる加工品を届けてくれるヘルパーさんみたいな存在です。

同じ質を求めるなら
生協のほうが安い！
そう確信しているから、
ずっと続けています

あいこさん

生協は高いと思っている人も多いみたいですが、近所で同じ質の食材を買おうと思うと、生協よりも高くつくと感じています。実際、ネット通販等で肉、魚、野菜を買うこともありますが、質と価格が見合っていないと感じるお店も多く、質を考えると生協のほうがお得なので愛用し続けています。

小さな子を連れて
仕事終わりに買い物！
その大変さから
解放されます

マキさん

子どもを保育園にお迎えに行った流れで食材の買い物をしていたこともありますが、子どもの〝あれ買って攻撃〟にあったり、駄々をこねられたり。混雑している時間帯で人とぶつかることも多々。あのレジが早いかもとキョロキョロして移動なんてこともしなくていい。とにかくストレスがぐっと減ります。

生協を選ぶときのポイント

都市部では生協も群雄割拠の時代です。
どの生協にするか迷ったときのポイントをご紹介します。

生協の得意分野を見極める

有機無農薬野菜が得意、スーパーと変わらぬ価格帯、バラエティが豊かで選択肢が多い、バランスよくこだわりの安心食材が揃うなど、生協によって個性や得意分野はまちまち。いくつかの生協が選べるなら、それぞれの得意分野がなにかを情報収集してからスタートを。

配達曜日との相性

生協は居住エリアによって配達日が決まってしまうので、自分では選べません。曜日によっては自分の暮らしと合わないこともあるので、情報収集のときに、ぜひ確認を。曜日を自分で設定したいなら、生協ではなく、オイシックスなどの定期宅配を使うのも手です。

受け取り方法を確認する

在宅できないときの受け取りをどうするかは、加入の前によく考えておいたほうがいい部分。玄関前などに置いてもらうことになり、留守がわかってしまうという問題も。オートロックのマンションで管理人がいない場合など、部屋の前まで入れないというケースもあります。

注文方法を確認する

従来からある、紙カタログを見ながら用紙に記入という方法だけでなく、スマホやパソコンを使って注文できたり、アプリやLINEを使えたりと、注文方法も生協それぞれに進化中です。注文のしやすさは、時短につながる大切な部分なので、最新情報を調べてみて。

情報共有できる友人を探す

生協には、一般的な商品情報ではカバーできないオリジナル品も多め。そんな情報や、生協をより便利に使いこなす工夫を共有するためにも、同じ生協を利用している友人がいると助かります。加入先を迷うなら、友人が加入している生協を選択するのも手です。

デメリットにも目を向ける

１週間単位での食材のやりくりが苦手。１週間前に注文をするサイクルが自分と合わない。ものによって毎回は販売されないので、自分が買いたいタイミングと合わないことがあるなど、宅配生協にはデメリットもあるので、自分との相性もよく考える必要あり。

ルール2
1
火
月
水
2021
①週間単位で食材を管理し、食生活をふかんしてみる

生協を利用すると食材が宅配されるのは週1回が基本。1週間分の食材をまとめて、配達日の約1週間前に注文するサイクルになります。買ってそのまま持ち帰ることができるスーパーや商店とは根本から違うので、買い方を見直す必要があります。これが苦手で生協が続かなかったという人もいるかもしれません。

慣れるまではちょっと大変でも、**1週間単位で自分たちの暮らしに必要な食材を把握することにはメリットも多い**ので、がんばる価値あり。これくらい買えば、1週間食べられるという食材量が自分に刷り込まれることで、家族の成長による量の変化などにも敏感になれ、総予算の管理もしやすくなります。

計画性が必要になるので、**続けることこそが訓練**。鍛えられ、次第に**食材をうまく回す習慣も身につきます**。つまり買い物力が上がるということ。スーパーや商店などでしてしまいがちな、行き当たりばったりによる無駄買いをなくすことにもつながります。

もちろん、**生協を利用しなくても、1週間単位で自分たちが食べる食材を管理してみる**ことのメリットは同じ。生協を始めないまでも、1週間に必要な食材を意識して買う訓練をすることも、買い物上手への第一歩です。

ルール3

す

（す）べてを生協でと、
気負わない。スーパーとの
使い分けが吉！

1週間単位で食生活を組み立てるのは、慣れるまではけっこう難しいもの。そして生協で購入する食材だけで日々の食卓すべてをやりくりするのも大変です。だから、**「生協でなんでもまかなおうと、気負わない」**。これも、生協をうまく活用した買い物で、快適に暮らしを回している心地よい暮らし研究会の共通意見。みんな、近隣のスーパーや商店と併用して、生協を使っています。

せっかく生協で頼むんだから、もうスーパーには行かずにすませたいと考えてしまうかもしれませんが、そこにとらわれるとたくさん買いすぎて消費に追われたり、細かく予定を立てる必要があったりと、自分の首をしめるばかり。外食したり、急にお弁当をつくる必要が出てきたりといったイレギュラーに対応するのも難しくなります。生協で食材が届くのであれば、スーパーへ行く頻度を減らすことができますし、量が少なければちょこちょこ買いも負担ではなくなります。

行き当たりばったり的に漠然と、ではなく、意識的に、生協とスーパーや商店を使い分けることからスタート。それぞれの長所や短所をふまえ、自分が食材に求めることを加味して、**なにをどちらで買うか、使う比率はどうするかを意識しておくことが、迷ったときの決断を早くし、買い物をラクに**します。

みんなの使い分けの考え方

ベースが生協、スーパーをサブに

生協 7：3 スーパーなど

マキさん

私は生協で買い物をするのが大好きで、カタログを見るのは至福の時間です。そんな私でも、100％を頼ることはしません。週末に夫とスーパーに出かけるのは趣味のようなものですし、夫や子どものお気に入りが生協では見つからないことも。ベースを生協にして、サブをスーパーにするのが、わが家のちょうどいいバランスです。

生協は、助っ人的な存在です！

生協 4：6 スーパーなど

宇高さん

時短のためには、買い物の回数を減らすことがいちばん有効だと思っています。わが家は、週末にスーパーで１週間分の食材をまとめ買いするのが、15年来の習慣。生協は、サブ的な存在で、子どもが大きくなったことで、週１ではまかないきれなくなった量を補充する場所、そして安心できる加工品や調味料を買う場所と考えています。

近隣の商店も応援したいんです！

生協 6：4 スーパーなど

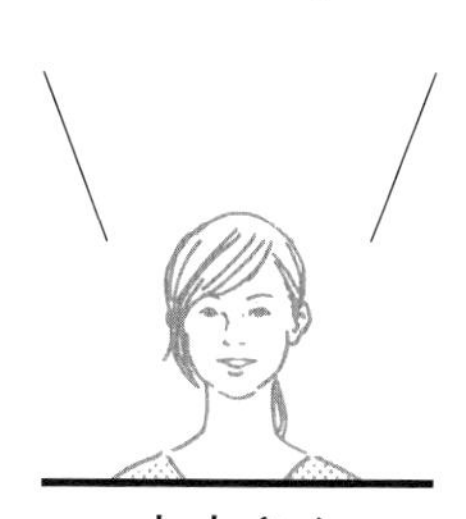

大木さん

わが家の近くにはいい肉屋さんと魚屋さんがあり、そこでちょこちょこ買いをしています。6割を生協でまかなっているから、負担になるほどの量にはならず、お店の人とのおしゃべり含め、買い物自体を楽しめます。生協で買うのは、野菜と、余計なものが入ってなくて安心して使える加工品や調味料。大量に必要な米も毎週生協です。

それぞれの得意分野で買い分けます！

生協 6：4 スーパーなど

あいこさん

野菜とフルーツはあまり日もちがしないので、生協では3～4日分をまかない、後半をスーパーなどで買い足し。肉、魚は質がよくておいしいのと、冷凍で届けられるものが多くて消費を焦らないので生協で。調味料や加工品は生協に好きなものがあれば生協で、お気に入りがほかにあれば、ほかで買うという半々のバランスで購入しています。

野菜はほとんど生協頼みにしています

生協 7：3 スーパーなど

近藤さん

有機無農薬野菜が、近隣で買うよりも新鮮で安く買えるので、野菜は9割以上が生協です。加工品も、無添加などシンプルな原材料でつくられているものが多いので、生協が多め。一方、肉、魚は質のよいものが近隣で買えるので、新鮮なものを求めてスーパーなどでちょこちょこ買い。米は近所の米屋さんに届けてもらっています。

ルール4

毎週届くルーティン食材を決めておく

1週間単位で食生活を組み立ててみると、週に1度は必ず使う、なじみの食材が次第につかめるようになります。ヨーグルトなどのように、毎日食べると決めている素材もあるでしょう。買い物をラクにするためには、これらを〝ルーティン食材〟と位置づけて**リスト化し、頭に入れておくことが役に立ちます**。スーパーでも、なにも考えずにかごに入れる食材が決まっているだけで、買い物はぐっとラクになります。「**今日はどうしよう?」と迷うのをやめて、決め打ちに**。これが、時短で買い物をする極意です。特売品にも惑わされなくなり、**余計なものを買ってしまうという失敗もなくなります**。毎回同じことをする=ルーティンは、暮らしを心地よく効率化するためのひとつの技術なのです。

生協ならもっとラク。自分なりのルーティン食材が自動的に買い物かごに入り、自動的に届くという設定にすることができたり、ルーティン食材をお気に入りに登録しておくことで注文を簡略化できたり(生協によっても方法は異なる)と、スーパーよりもさらに負担なくルーティン食材を揃えることができます。

これだけあれば安心という食材が買えていれば、あとはそのときの気持ちで食べたいものを追加していくだけ。ぐっと買い物効率がよくなります。

ルーティン食材を多めにして注文の手間を減らす派

フルーツセットとは別に旬のフルーツも必ず頼む。たくさん食べるからセットのものと重なっても気にしない

肉と魚介は基本生協で購入するようにし、隔週などで自動的に届く設定。この豚の切り落としはとくにおいしいので毎週届く設定に

納豆と豆腐は、そのまま出すだけでも1品になるから助かる食材。考えずに毎回届くのは本当にラク

生協で必ず買うルーティン食材

フルーツはあっという間になくなるから、フルーツセットを2種。旬のものが中心に選ばれているので、自分で考える必要がなくラク

選ぶ時間や手間のかからないおまかせ有機野菜セットをいつも注文。内容は毎週自動で更新されるので、届いてから食材を見ながらメニューを考える

日もちするうえ、どんな料理にでも使え、入れるとおいしくなるから、玉ねぎは毎週届く設定に

右ページは、必ず毎週届くルーティン食材。生協で取り扱いのある限りは毎回届くようにしている

週3～4回朝食に食べるうえ、残ったら炒めものや鍋にも使えるからキムチは便利。2週間に1度届くとちょうどいい

娘に卵アレルギーがあるので、卵は隔週届くサイクルで大丈夫

肉や魚の冷凍素材はしっかりおいしいうえ、賞味期限に追われないので、いつも徳用の大きいサイズを選択

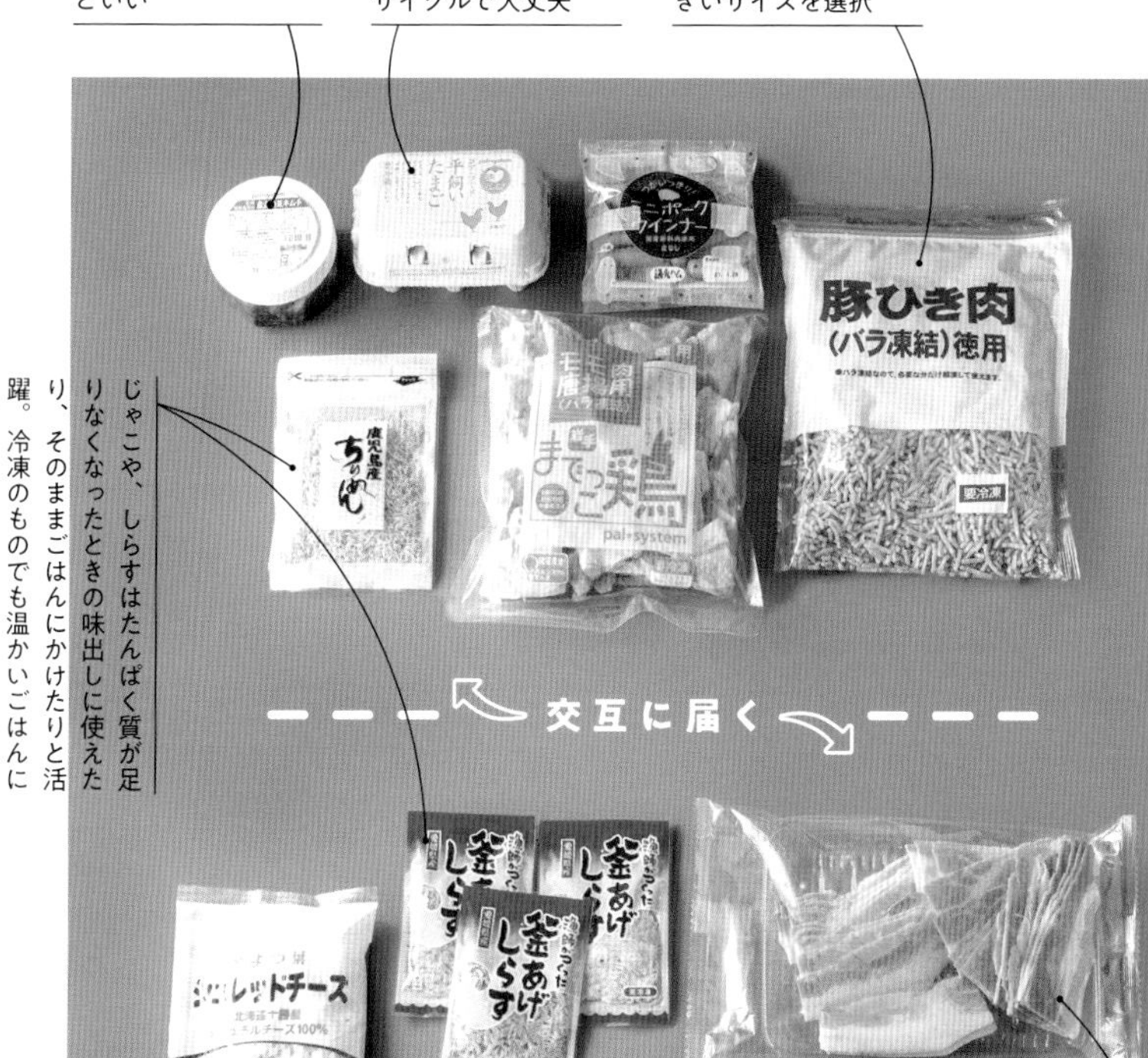

じゃこや、しらすはたんぱく質が足りなくなったときの味出しに使えたり、そのままごはんにかけたりと活躍。冷凍のものでも温かいごはんに混ぜるだけでOKなのもラク

あいこさん／利用生協：パルシステム

長男（高1）、長女（年長）との3人暮らし。毎回同じ作業をするのが苦手だから、ほぼなにもせずにルーティン食材が届くよう、定期お届けに登録するなど、注文を工夫。一部は隔週や月1でルーティン食材になるようにしています。週の後半に足りない分は近所で。

魚は子どもも食べやすい骨なしタイプが便利。焼くだけでなく、炊き込みごはんや、から揚げにすることも

徳用肉は、毎週の注文ができないので隔週。使う分だけ解凍できるバラ凍結なので、翌週に持ち越すことも

この週の買い足し食材

生協の野菜はセット買いだけにすることが多いけれど、旬の野菜など、食べておきたいものを追加することも

いくらなど、好きな食材はお気に入りに登録しておき、登場する週には自動的にカートに入るようにしている

おやつは手づくりが好きなので、ルーティン食材には入れず、ときどき気になるものが見つかったときに購入

生協

近所でお気に入りのめんつゆを買っていたが、生協のもおいしいことを発見し、最近は何度かリピート買い

生協で見つける前からのお気に入りのカレールウ。生協に出たときに買い忘れないよう、お気に入りに登録して、見つけたときに2個買い

スーパーなど

この週は友人からフルーツをいただいたので、自分では買い足しせず。でも生協で購入しているだけでは足りないので、買い足すこと多し

野菜は1週間もたないので、葉野菜を中心に生協配達の3～4日後に買い足す。生協以外の買い足しは長男が担当することも多い

この週につくった1週間献立

夕食	自分の昼食	朝食	
・大根、にんじん、ひき肉の塩こうじ炒め ・小松菜のおひたし ・ねぎとわかめのみそ汁 ・ごはん ・いちご	・近所のパン屋さんのパン	・かぶとわかめ、松山あげのみそ汁 ・ごはん ・納豆、しらす、ゆかり、梅干し ・りんご	1日目（金） 生協食材到着
 ・鍋（豆腐、ねぎ、白菜、豚バラ肉、にんじん、大根、えのき、うどん） ・りんご	・白菜とツナのパスタ ・りんご ・あずきバー	・みそ汁（昨夜の残り） ・ごはん ・納豆、生卵、じゃこ、塩のり、キムチ、ゆかり、梅干し ・バナナ、いちご 	2日目（土）
・にんじんと玉ねぎのかき揚げ、天ぷら ・ざるそば ・みかん	・外食（友だちと）	・鍋の残りにごはんと卵を入れて雑炊 ・りんご、キウイ	3日目（日）
・鶏肉と玉ねぎのケチャップ炒め ・白菜のおひたし ・にんじんと豆腐のみそ汁 ・りんご ・ごはん	・酵素ドリンク（忙しかったので）	・レーズンとくるみの食パン（ホームベーカリーで） ・キウイといちご	4日目（月）
・鶏肉と大根と豆苗のスープ ・水菜、おかか、のりのサラダ ・大根の葉とウインナーのチャーハン ・あずきバー	・酵素ドリンク（朝たくさん食べたので）	・いくらごはん ・みそ汁（昨夜の残り） ・みかん	5日目（火） 買い出し
・カレーライス（さつまいも、大根、鯖缶） ・ほうれん草のごまあえ ・りんご	・外食（出勤日、会社近くで）	・大根とわかめ、松山あげのみそ汁 ・ごはん ・納豆、生卵、じゃこ、塩のり、キムチ、ゆかり、梅干し ・りんご	6日目（水）
・外食 	・ぬか漬けのお茶漬け（大根、にんじん、豆苗）	・カレーライスのチーズのせ（昨夜のアレンジ）	7日目（木）

ルーティン買いは少なめで 毎週の買い足しを楽しむ派

生協で必ず買うルーティン食材

朝食はパンが多いので、必ず注文。週によってパンの種類は変える

平田牧場の豚からつくられるベーコン。切らずに使えるうえ、うまみたっぷりでなんでもおいしくなる

牛乳はたっぷり2本。毎日飲むものだからこそ、牛のえさにまでこだわっている牛乳だと安心

夏は毎日のように食べるので、毎週必ず注文するのがアイス。種類は毎回変える

週に1度はミールキットに頼ることに。外食せずとも「人の味」が食べられる！

豚バラか、豚ロースのブロックのどちらかを必ず注文。切り方を変えて3回ほど使え、おいしくてお得

季節限定アイテムは毎週頼む。秋は柿だけれど、夏は枝つき枝豆やとうもろこし、冬はりんごなど

野菜おまかせ4点セットを選んで、おいしい旬の野菜を安く購入。選ぶ手間と時間も削減できる

マキさん／利用生協：生活クラブ

夫、長女(中1)、次女(小3)との4人暮らし。娘2人は食が細め。シンプルな調理でもおいしくなる、質のいい食材を求めて、生協を利用。いろいろ試すことが大好きだからルーティン食材を少なめにし、毎週の注文をレジャー感覚で楽しんでいます。

この週の買い足し食材

生協で買うたんぱく質はルーティンと合わせて5個と決めているので、3個を買い足し

野菜おまかせセットとかぶることもあるけれど、気にせず、食べたい野菜を買い足す。基本旬のものを選ぶ

生活クラブはおやつもコーヒーもおいしいのでよく注文。おかげでカフェに行かずにすむ

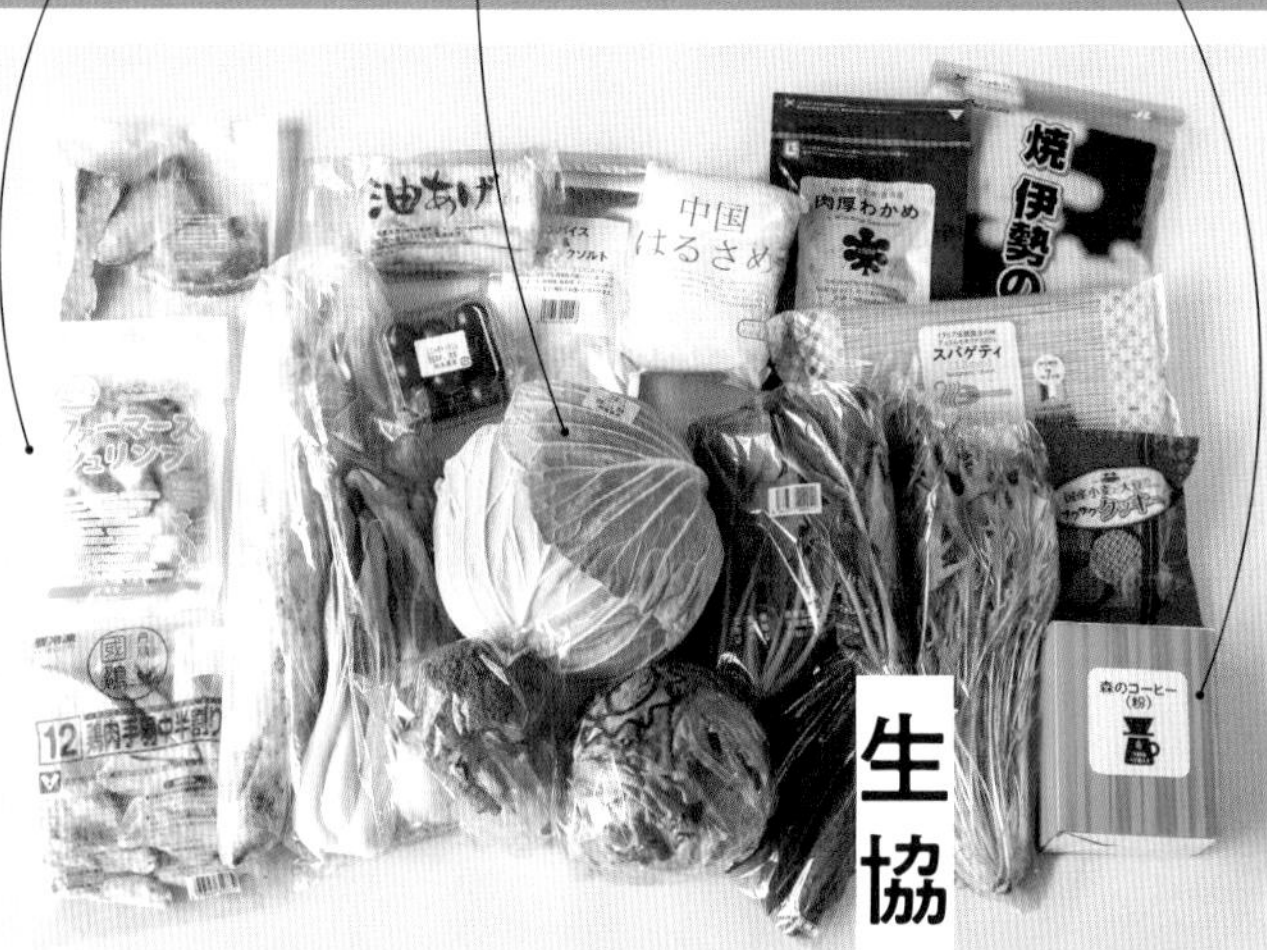

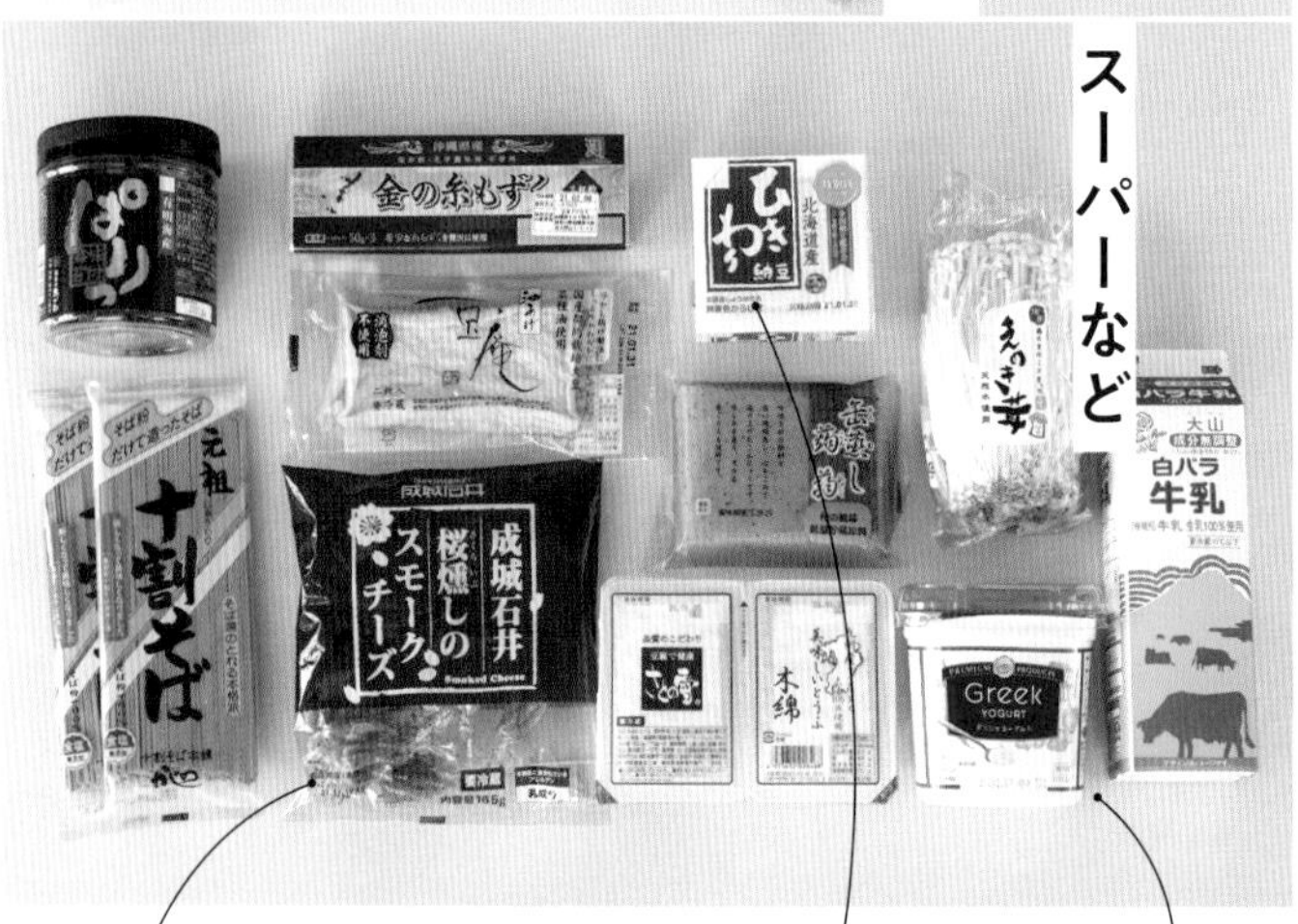

おつまみなどは、食べたいものを夫自身がスーパーで選んで買うことが多い

写真にはないが、パンはちょこちょこ近所のパン屋さんで買い足している

生活クラブの納豆は、タレが添付されていないので、基本スーパーで購入している

乳製品は1週間はもたないので、スーパーで買い足す

この週につくった1週間献立

夕食	自分の昼食	朝食	
・八宝菜(生協のミールキット) ・ほうれん草のおひたし ・納豆　・みそ汁 ・ごはん	・ノンカップ麺(生協)	・食パン ・ピクルス ・チキンボール	1日目(木) 生協食材到着
・えびと水菜の炒めもの ・大根と水菜の和風サラダ ・キャベツと油揚げのみそ汁 ・ごはん	・テイクアウトのお弁当	・レーズンパン ・ヨーグルト ・ゆでほうれん草 ・柿 ・チーズインソーセージ	2日目(金)
・豚肉とレタスの塩煮 ・浅漬け ・春雨サラダ ・レタスと卵のみそ汁 ・ごはん	・トマトと水菜とベーコンのパスタ	・パニーニ(ハム・チーズ) ・ゆでブロッコリー ・レタスとわかめのスープ	3日目(土)
・鶏南蛮そば ・浅漬け(昨夜の残り)	・外食	・ベーグル ・キャベツとベーコンのスープ ・春雨サラダ(昨夜の残り)	4日目(日) スーパーへ
・ぶりの白だし焼き ・青梗菜、えのきだけ、にんじんのあんかけ ・水菜と豆腐と油揚げのみそ汁 ・ごはん	なし(おやつちょっと)	・ごはん ・のり、もずく ・ピクルス ・目玉焼き ・りんご(いただきもの)	5日目(月)
・自家製鶏ハム ・レタス炒め卵とじ ・納豆 ・大根とわかめのみそ汁 ・ごはん	・ドライカレー(以前つくった冷凍)	・食パン ・ヨーグルト ・ミニトマト ・きゅうり ・ゆでブロッコリー ・りんご(いただきもの)  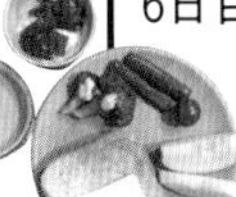	6日目(火)
・青梗菜と豚肉炒め ・サニーレタスとわかめの中華サラダ ・手羽中と大根のスープ ・ごはん	・おかゆ(ツナマヨのっけ) 	・ロールパン ・ヨーグルト ・ゆで野菜 ・自家製鶏ハム	7日目(水)

生協で必ず買うルーティン食材

コープデリで買うものは、完全にルーティン化し、追加アイテムはなし。機能性食品を含む、乳製品、乳酸菌飲料など、毎日必要なものが毎週玄関に届くのはラク！

卵は日もちするので、1週間分をまとめて買っておけば、運ぶ手間がなくてラク

東都生協は有機無農薬野菜を買う場と考えているので、肉はほとんど買わないが、豚こま肉は確実に使うのでルーティンで購入

きのこセット。セットになっているものは、考える必要がなく注文がラクなので、積極的に利用。単品でバラバラ買うよりもお得

フルーツ２種は必ず。キウイとバナナでルーティン化することが多いが、ときどき旬のフルーツと入れ替える

青果ボックスという名前の野菜の６品セット。旬のものが入っているうえ、自分で一から選ばなくてもいいのでラク

２章で登場するラク＆時短素材はやっぱりルーティン食材になりやすい

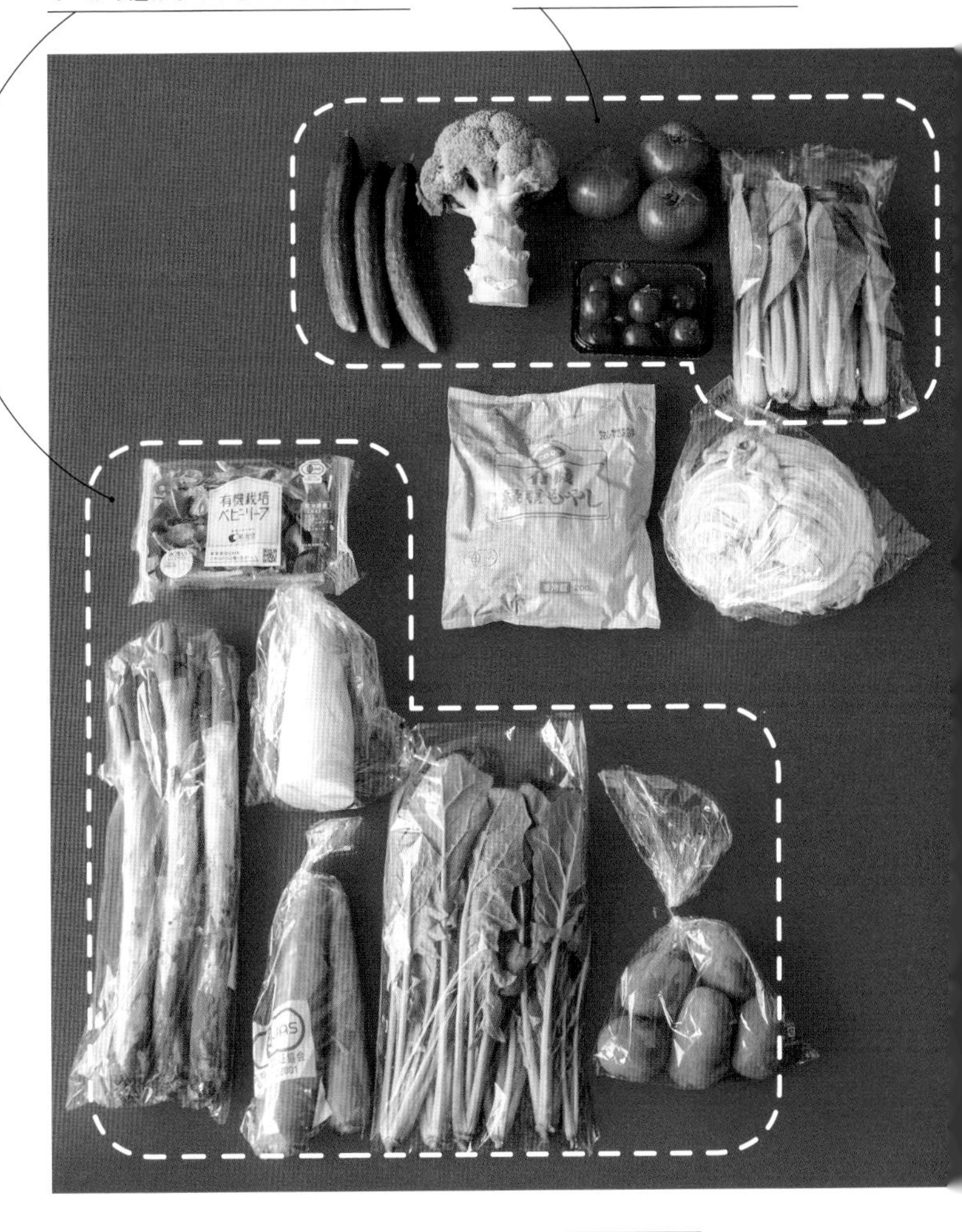

近藤さん／利用生協：東都生協、コープデリ

夫、長男（中３）、次男（中１）との４人暮らし。夫は元ラガーマンなうえ、次男もラグビーを始め、ますます食べる量が増えています。夫婦ともに体調を崩した経験があり、食材の質にこだわり、有機無農薬の野菜を積極的に摂取。生協以外にも頻繁に買い出しへ。

加工品同様、調味料もシンプルな材料からできているものをセレクトしたいので、東都生協で購入。なくなりそうなタイミングで追加

野菜はほぼルーティン買いだが、2〜3種は旬のものをプラスしている

無添加など、シンプルな原材料からつくられているものが多いので、加工品は東都生協で購入するのが基本

この週の買い足し食材

生協

スーパーなど

野菜は基本生協で購入しているが、日もちがしない葉野菜系は、スーパーで買い足すことが多い

これ以外に週末に自然食品店で、夫が野菜やフルーツを買い足すのが習慣。この週は、夫自身がつくる野菜スープのためのかぼちゃと、いちご、みかん、りんごを

栄養的にきのこ類は積極的に摂取したいと思っているけれど、日もちしないので、スーパーでも買い足し

肉と魚はだいたい半々になるように購入。生協のルーティン食材に豚こま肉があるので、スーパーで買い足した肉は2種

この週につくった1週間献立

夕食	自分の昼食	朝食	
・ホイコーロー ・ほうれん草と桜えびのおひたし ・きゅうりともやしの中華あえ ・ごはん、キムチ	・おにぎり ・豚汁 （昨夜の残り）	・ごはん　・焼き鮭、こんぶ ・豆苗と玉ねぎのみそ汁 ・きゅうりとにんじんのぬか漬け　・のり ・ヨーグルト　・りんご	1日目（火） 生協食材到着
・サーモンのクリーム煮（ブロッコリー添え） ・ベビーリーフとかにかまサラダ ・トマトとモッツァレラチーズのサラダ ・ごはん	・外食	・ごはん ・もやしとキャベツのみそ汁 ・卵焼き　・納豆 ・冷奴　・ヨーグルト ・いちご	2日目（水） 買い出し
・豆腐とさけ缶のコロッケ ・刺身（たこ） ・ひじきの煮もの ・きのことほうれん草のソテー ・冷凍しじみのみそ汁 ・八穀ごはん、キムチ	 ・鯖缶キムチそうめん ・ミネストローネ（つくりおきのアレンジ）	・八穀ごはん ・なめことほうれん草のみそ汁 ・目玉焼き、ウインナー ・ミニトマト、ブロッコリー ・ヨーグルト ・キウイ	3日目（木）
・牛肉とエリンギの塩こうじ炒め ・小松菜と油揚げの煮びたし ・ひじき（昨夜の残り） ・水菜サラダ ・ミニトマト ・ごはん 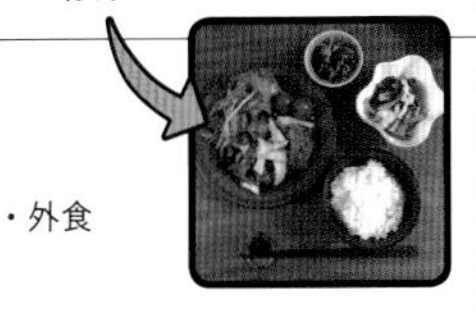	・テイクアウト ・野菜スープ（夫のつくりおき）	・ごはん ・大根とねぎのみそ汁 ・鯖の塩焼き ・きゅうりとかぶのぬか漬け ・冷やしトマト ・ヨーグルト	4日目（金）
・外食	・焼きうどん ・ゆば刺し ・ごはん	・ごはん　・納豆オムレツ ・大根とにんじんのみそ汁 ・きゅうりとにんじんのぬか漬け ・ひじき　・ヨーグルト ・キウイ 	5日目（土） 夫買い出し
・海鮮丼（テイクアウト） ・スーパーの惣菜 ・冷凍あさりのみそ汁	・外食	・チーズトースト ・スクランブルエッグ ・野菜スープ（夫のつくりおき）　・ハム、牛乳 ・いちご　・ヨーグルト	6日目（日）
・鶏のポン酢焼き えのき添え ・かぼちゃとひき肉の煮もの ・アスパラ、トマト、かにかまのサラダ ・かぶの浅漬け ・鶏肉のけんちん汁 ・ごはん	・テイクアウト ・野菜スープ（夫のつくりおき）	・ごはん ・水菜とわかめのみそ汁 ・目玉焼き、しらす ・こんぶ、ミニトマト ・みかん	7日目（月） コープデリ食材到着／買い出し

スーパーをメインに、生協をアシスタント的に活用する派

フルーツ2～3種は必ず注文。季節によって内容は変わるけれど、バナナとりんごはある限りはルーティン食材

ラク＆時短素材の代表格。ルーティン食材として絶対に欠かせないトマト

ゆでるだけで食べられる野菜を2種。ブロッコリーはマストで、もうひとつは季節によって変わる

卵は日もちするので、スーパーと半々にはせず、生協で10×2パックをまとめ買い

豚肉切り落としはよく使う肉なので、スーパーでも生協でも買う

自分が豆腐好きだから、豆腐は2丁。スーパーでも買うほどで、とくにひとりランチに活躍

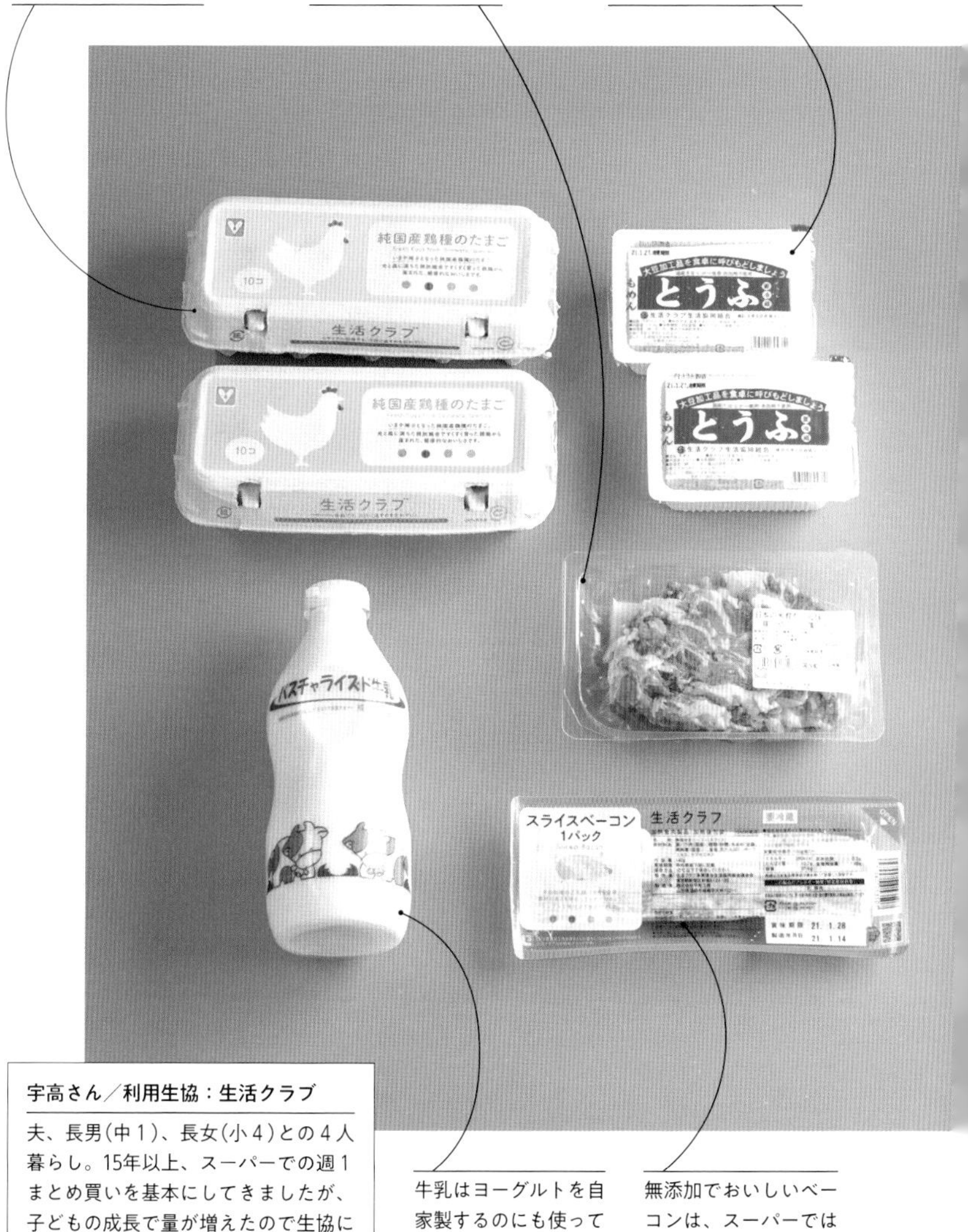

宇高さん／利用生協：生活クラブ

夫、長男(中1)、長女(小4)との4人暮らし。15年以上、スーパーでの週1まとめ買いを基本にしてきましたが、子どもの成長で量が増えたので生協にも加入。アシスタント的に生協を活用することで、スーパーでの買い出し回数を1回のままキープ。

牛乳はヨーグルトを自家製するのにも使っている

無添加でおいしいベーコンは、スーパーでは見つけにくいので、生協のものをセレクト

この週の買い足し食材

冷凍枝豆はお弁当に重宝。国産枝豆のものはスーパーで見つけにくいので生協で

生活クラブの肉は質がよくおいしいので、ルーティン食材と合わせて3種注文

生活クラブの野菜はおいしいので、子どもたちから好物の野菜をリクエストされることも

生協

スーパーなど

なじみのある、家族が好きな味は、スーパーで買う

生協の魚介はほぼ冷凍なので、あまり買わず、スーパーで調達

アボカドはすぐ食べられるラク素材。熟し具合を確認できるからスーパーで買う

この週につくった1週間献立

夕食	自分の昼食	自分の朝食*	
・鶏肉とゆで卵のさっぱり煮 ・たことさゅうりの中華サラダ ・新玉ねぎのとろとろ ・豆腐とわかめのみそ汁 ・ごはん	・レタス雑炊 ・キムチ	・ゆで卵 ・3種のフルーツ、自家製グラノーラ、自家製ヨーグルトきなこがけ	1日目(火) 生協食材到着
・しょうが焼き ・キャベツの千切り ・ベビーチーズ青じそ巻き ・アボカドトマト ・豆腐と卵のスープ ・ごはん	・豆腐アボカドのせ ・スナップえんどう ・ミニトマト	・ゆで卵 ・3種のフルーツ、自家製グラノーラ、自家製ヨーグルトきなこがけ	2日目(水)
・かぼちゃグラタン ・大豆とツナのサラダ ・コンソメスープ	・ミネストローネ(市販品) ・ブロッコリー ・ミニトマト	・ゆで卵 ・3種のフルーツ、自家製グラノーラ、自家製ヨーグルトきなこがけ	3日目(木)
・野菜と肉の焼肉のたれ炒め(豚肉、玉ねぎ、にんじん) ・キャベツ千切り ・きゅうりとツナのマヨあえ ・豆腐のみそ汁 ・ごはん	・豆腐チーズ青じそのせ ・キムチ 	・ゆで卵 ・3種のフルーツ、自家製グラノーラ、自家製ヨーグルトきなこがけ	4日目(金)
・牛丼(夫担当)	・鯖缶丼	・ホットケーキ ・バナナヨーグルト	5日目(土) スーパーへ
・お好み焼き(夫担当)	・外食	・フレンチトースト ・自家製ヨーグルトきなこがけ　・ミニトマト ・ブロッコリー	6日目(日)
・ぶりの照り焼き ・れんこんのきんぴら ・かぼちゃとベーコングリル焼き ・トマト、ブロッコリー、スナップえんどう ・豆腐とわかめのみそ汁 ・ごはん 	・外食	・ゆで卵 ・3種のフルーツ、自家製グラノーラ、自家製ヨーグルトきなこがけ 	7日目(月)

＊子どもは自家製パン、卵料理、フルーツ

生協のルーティンは少なめ。でも重いものをまかせる派

魚は商店街で買うことが多いが、あじフライや竜田揚げなど、あとは揚げるだけの冷凍品だけは生協で

10kgの週と5kgの週を交互に。つまり月に30kgを購入。玄関まで毎週持ってきてくれる生協のありがたさ

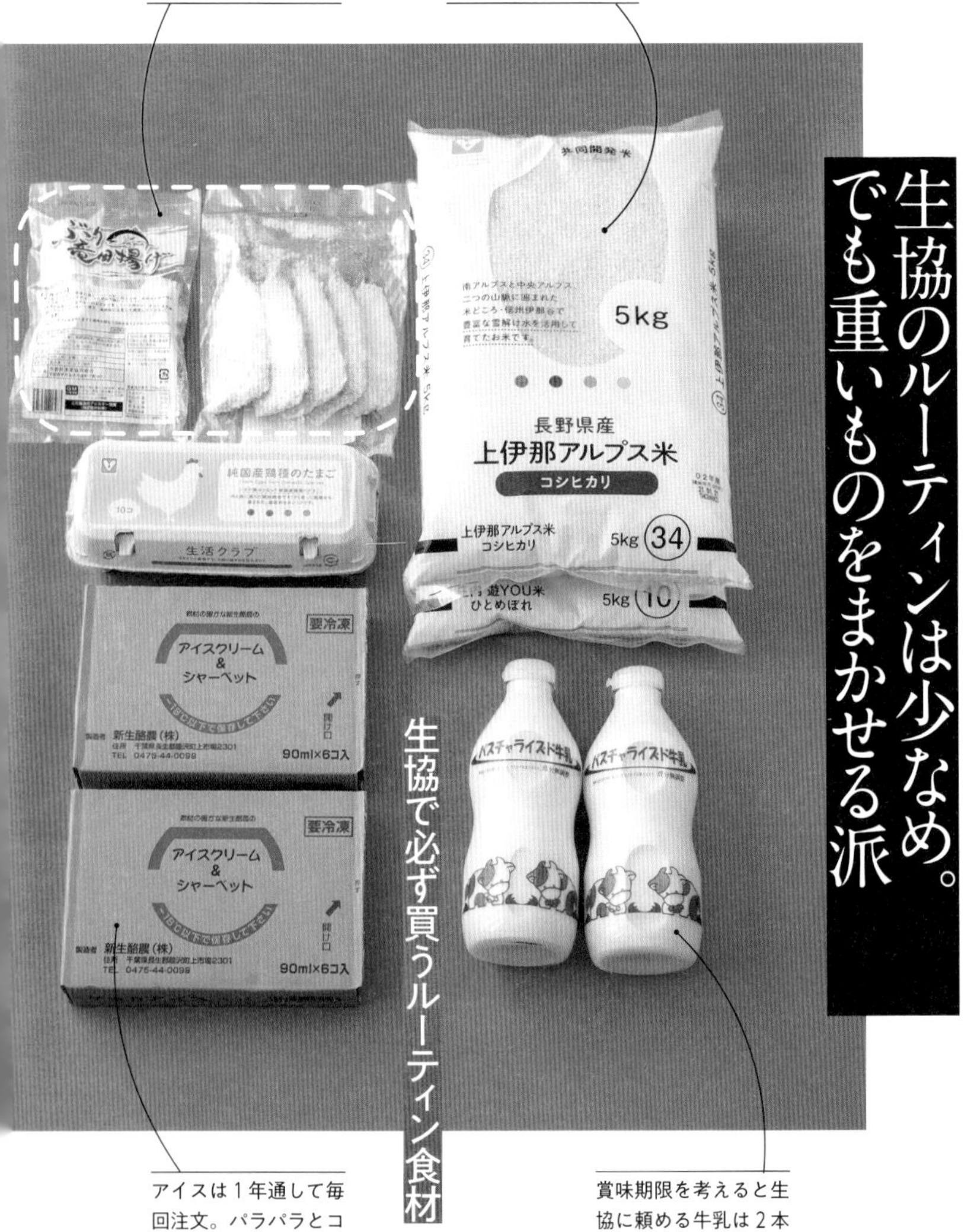

生協で必ず買うルーティン食材

アイスは1年通して毎回注文。パラパラとコンビニなどで買うよりずっとお値打ちなうえ、生活クラブのアイスがおいしすぎる！

賞味期限を考えると生協に頼める牛乳は2本まで。残りはスーパーで追加するサイクル

ラク＆時短食材である
ブロッコリーは、弁当
に使えるから、なにが
あっても注文忘れをし
たくない食材

バナナは2房ということも多く、さらに旬のフルーツを毎回注文

薬味にも具にもなるねぎは、年間通して欠かせないマスト食材

セットで考えがちのじゃがいも、にんじんは毎回は買わなくても、汎用性が高い玉ねぎはルーティン食材

大木さん／利用生協：生活クラブ

夫、長男（大1）、次男（高2）との4人暮らし。食べざかりの男子2人と夫と、男3人なので量多め。野菜と加工品、重い米を生協に頼り、6割を生協でまかなっています。肉や魚は、質の高いものが近所の商店街で買えるので、ちょこちょこ買い出し。

この週の買い足し食材

野菜はルーティン食材と合わせて10点を目安に購入。葉野菜、根菜は半々くらいに

基本調味料や油は、味とクオリティともに信頼できるので、生協で買うことがほとんど

冷凍ほうれん草は、あると助かる食材。国産のものが見つかるので、生協でときどき買う

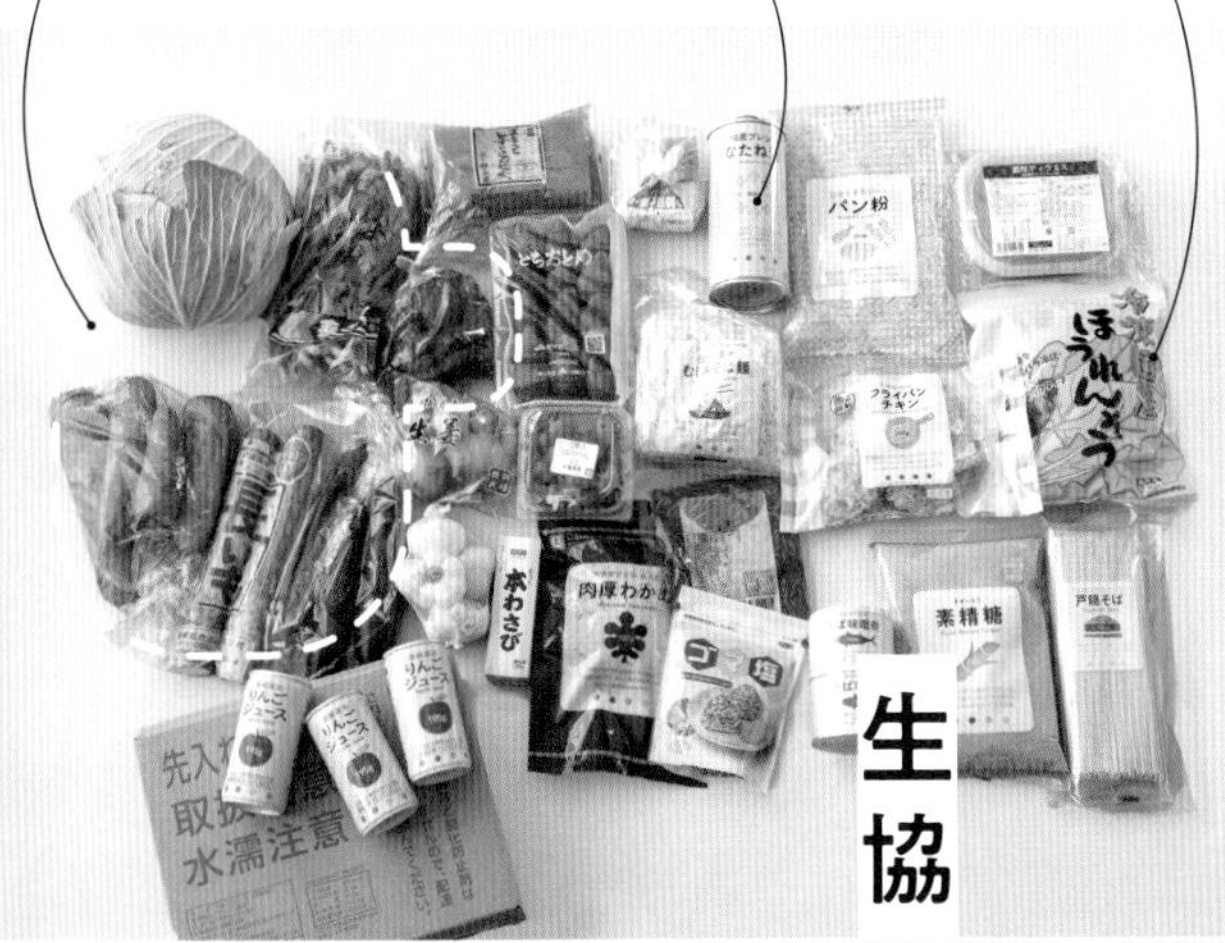

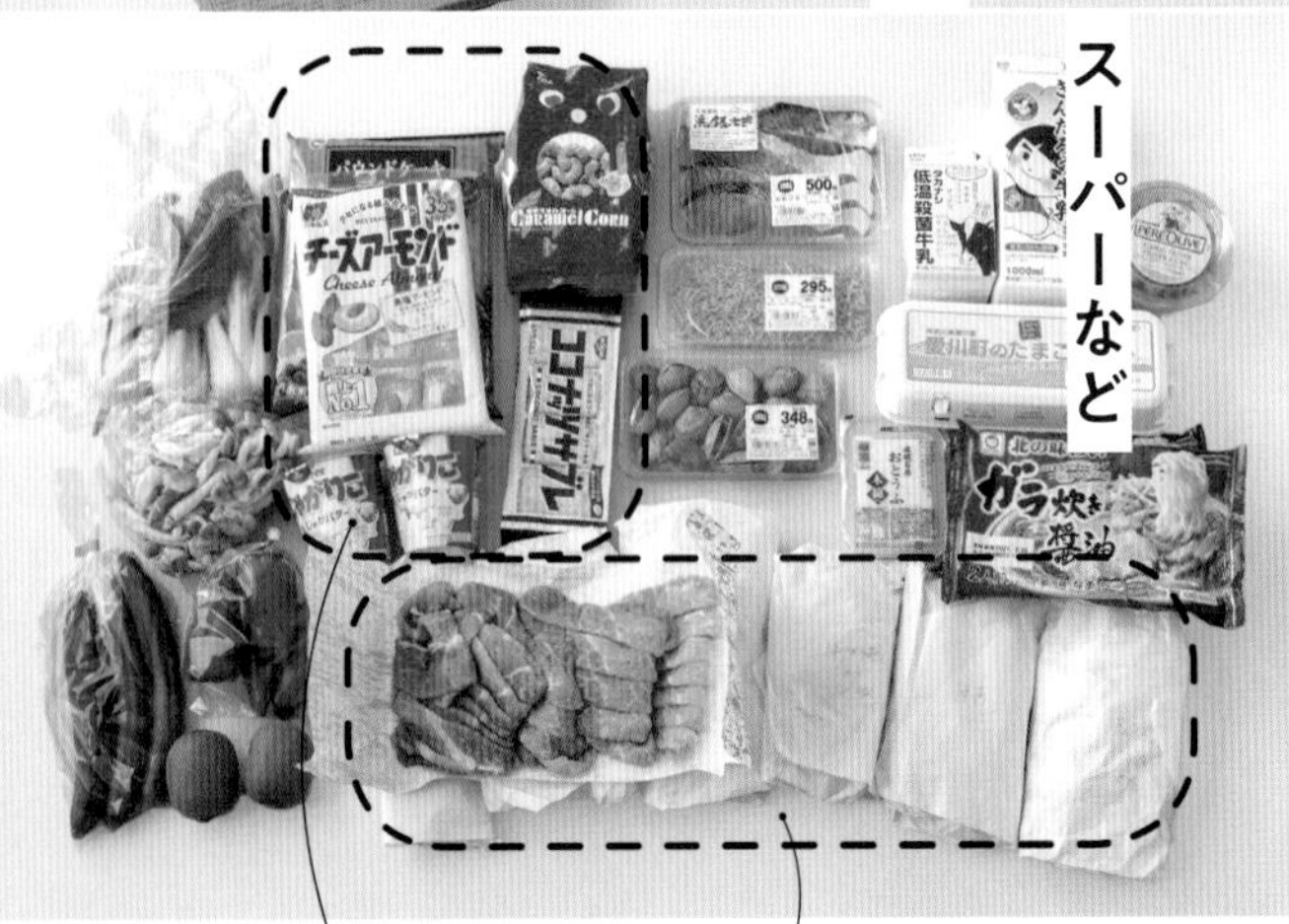

気に入っているスナック類は、スーパーで調達している

近所の精肉店がおいしいから、肉はいつもそこで。この週は豚薄切り肉だけで800g、1週間で計4kgほど購入

写真にはないが、パンと、子どもたちのお気に入りのヨーグルトも買い足し

この週につくった1週間献立

夕食	自分の昼食	朝食	
・豚ひき肉と残り野菜のオムライス ・サニーレタスとトマトのサラダ ・コーンスープ	・近所のパン屋さんのパン	・ごはん ・焼肉、長ねぎ塩焼き ・りんご、バナナ、いちご ・アロエヨーグルト	1日目(木) 生協食材到着／精肉店へ
・ビーフシチュー(ブロック牛肉、にんじん、玉ねぎ、ブロッコリー) ・ごはん	・チャーハン	・卵かけごはん ・小松菜、牛肉、舞茸の照り焼き ・りんご、バナナ、みかん缶 ・アロエヨーグルト	2日目(金)
・牛肉、なす、青梗菜の焼肉炒め ・サラダ(サニーレタス、プチトマト) ・豆腐、わかめ、小松菜のみそ汁 ・ごはん	・キャベツ、豚肉、ブロッコリーの中華炒め ・オニオンスープ(レトルト) ・パン	・メープルパン ・ヨーグルト ・ブロッコリーのバター炒め ・プチトマト ・バナナ	3日目(土)
・鮭のホイル焼き(玉ねぎ、しめじ) ・長いものフライ ・里いも、ほうれん草、長ねぎのみそ汁 ・ごはん	・焼きそば(豚もも薄切り肉、にんじん、キャベツ、長ねぎ、青梗菜)	・コーンフレーク ・ヨーグルト ・バナナ、いちご、柿	4日目(日) 精肉店へ
・豚ひき肉のみそそぼろ丼(きゅうり、ゆで卵添え) ・春菊とツナのマヨポン酢あえ ・みそ汁(あさり) ・ごはん	・ラーメン	・ごはん(おかか、のり) ・ぶりの竜田揚げとあじフライ(生協) ・アロエヨーグルト ・りんご、バナナ、柿	5日目(月) スーパーへ
・豚肉のしょうが焼き ・キャベツの千切り ・れんこんの素揚げ ・雷こんにゃく ・豆腐、わかめ、しめじのみそ汁 ・ごはん	・テイクアウト	・ごはん(おかか、ごま塩) ・小松菜とベーコン炒め ・豚みそ漬け焼き ・アロエヨーグルト ・りんご、バナナ、キウイ	6日目(火)
・照り焼きチキン丼(のり、長ねぎ塩焼き、小松菜添え) ・じーまーみ豆腐(生協) ・しめじ、里いも、青梗菜のみそ汁 ・ごはん	・パスタ(冷凍バジルソース、小松菜、ベーコン)	・ごはん(おかか、ごま塩) ・ピーマンとちりめんじゃこのごま油炒め ・みそ汁(昨夜の残り) ・りんご、バナナ、キウイ	7日目(水)

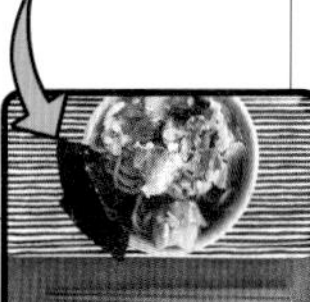

ルール5

少なめ買いを基本にして、フードロスを生み出さない

生協を始めたり、1週間単位で食生活を管理したりすると、慣れないうちは、つい食材を多く買ってしまいがちになります。とはいえ、**暮らしにはイレギュラーがつきもの**なうえ、突然いただきものをしたり、おいしそうな食材を衝動買いしてしまったりと、いつも予定通りにはいきません。買いすぎると食材の鮮度や状態に追われてしまったり、使い切れないうちに次の食材が届き、冷蔵庫が飽和してしまったり。これでは、フードロスまっしぐらです。

1週間は7日ですが、**「1度に届く野菜は3～4日分を上限にする」「主菜の肉や魚は5日分までと意識する」**などと、心地よい暮らし研究会のメンバーも工夫をしています。また、ルール3でも触れたように、スーパーもしっかり併用していくと決め、とくに**はじめのうちは、生協の比率を抑えて少なめ買い**するのがおすすめ。足りなければ、家の冷凍庫から発掘できたものや、缶詰や乾物などでも意外に乗り切れます。まずは、3日分くらいをまかなえればよしと考えましょう。

また鮮度が落ちるのが早い葉野菜やもやし、きのこ類を少なめにして、保存性の高い根菜を意識して組み合わせる。肉や魚も冷蔵で届くもの、冷凍で届くもののバランスを考えることも大切。どちらも前者から先に使うことを意識します。

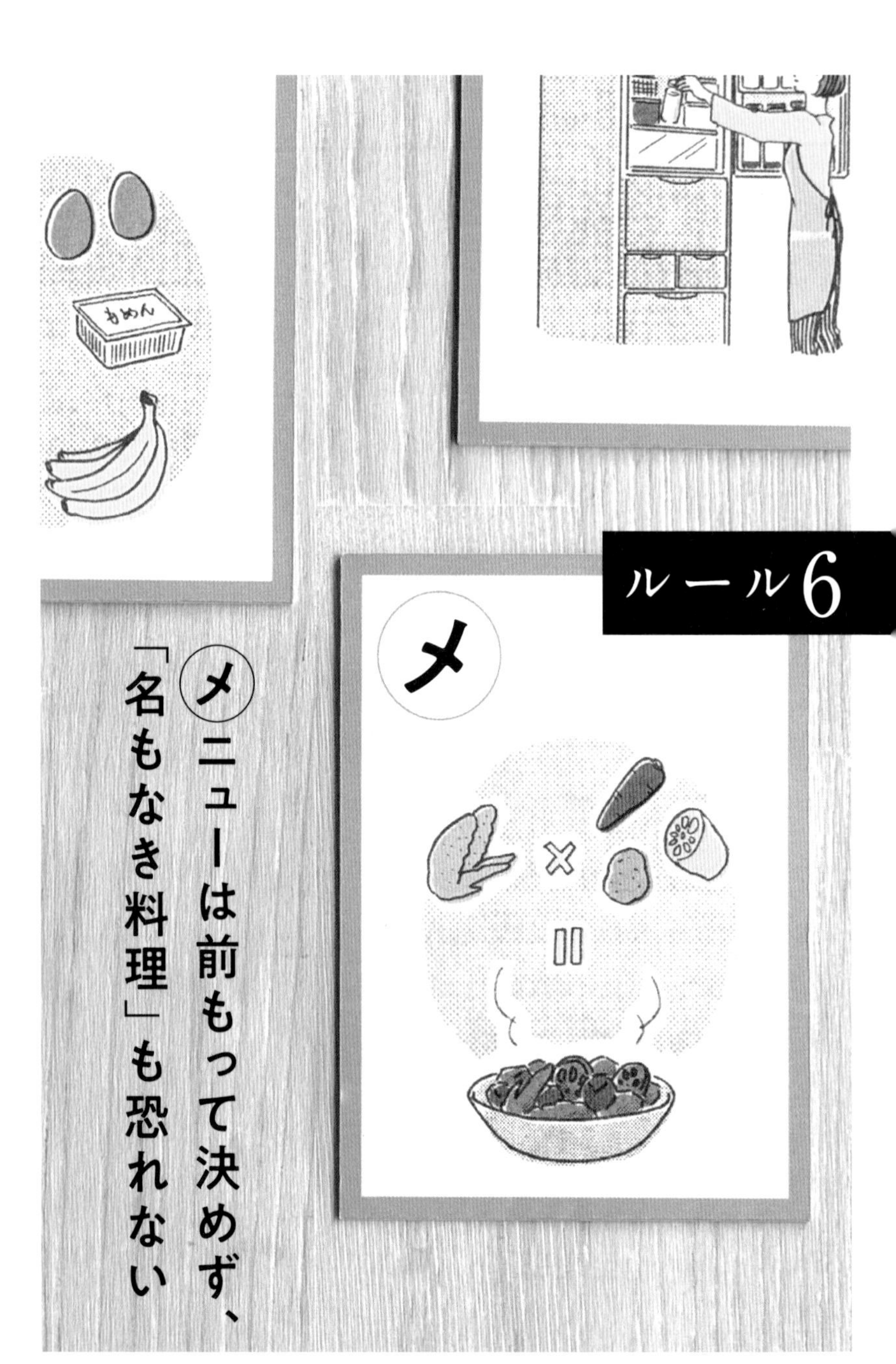

ルール6

メニューは前もって決めず、「名もなき料理」も恐れない

生協で食材を注文するときに、心地よい暮らし研究会のメンバーは**前もってメニューを決め込みません**。夕ごはんをつくる寸前、つまり冷蔵庫を開けるまでメニューを決めないという宇高さんや、前日の夜に考えるというマキさんをはじめ、みんな**そのときにある食材を見ながら決める**ことがほとんどです。じつはこれ、買い物をラクにするためには、とても重要なスキル。メニュー名から入ってしまうと、どうしても足りない材料が出てきてしまい、買い足す必要があったり、逆に使うべき食材があるのに使えなかったりと、ロスが大きいのです。

あいこさんは、肉と玉ねぎをベースに野菜を組み合わせて、にんにくしょうゆ、塩こうじ、塩こしょう、カレー系、みそ系、ケチャップ系の6つのどれかのパターンで味つけをするのだそう。野菜は変わるから無限にメニューは広がり、マンネリにもならないのだとか。「どうしてもつくる料理が思いつかないときは、家にある食材を入れてレシピ検索すればなんとかなる」と宇高さん。「**メニュー名がないと家族がいい顔をしないなら、自分で名づけて開きなおってしまえばOK**」とは、大木さんのアドバイスです。餃子、ハンバーグといったわかりやすいメニューをつくるのは、週末だけなどと決めてしまうのも一案です。

みんなの〝名もなき料理〟の組み立て方

平日は、野菜1種と肉か魚介を組み合わせた炒めものが多めです。でも水分を多めにすれば煮ものになり、片栗粉でとろみをつければあんかけになり、毎日炒めものばかり！　という手抜き感はありません。前日の夜に使う素材を決め、冷凍されているものは冷蔵庫へ。甘みそ系、トマト系、焼肉のたれ系など、味つけは料理をしながら決めることも。

＊今回は、しんなりする前に使い切りたかった青梗菜と、ブロックで買った豚バラ肉を薄切りにして炒め合わせました。塩、こしょう、無添加の鶏ガラスープ（冷凍。生活クラブで購入）で味をつけ、片栗粉でとじて完成。

マキさん

ベースは炒めものだけど、味も見た目も違う！

野菜と豚肉をフライパンに重ねるだけ

いつも夜ごはんのメニューを決めるのは、お昼ごはんを食べたあと。先に食べたほうがいい野菜2～3種を思い浮かべて、それを中心にメニューを組み立てていきます。わが家定番の〝名もなき料理〟は、野菜と豚肉のミルフィーユ蒸し。使いたい野菜と下味をつけた豚肉を交互に重ねてフライパン蒸しにするだけです。メニュー名を聞かれたら、「キャベツと豚肉の蒸し煮」などと、その場で名前をつけています。野菜は白菜やキャベツが定番ですが、小松菜、もやし、にんじんの薄切りなど、あるもので大丈夫です。

＊今回の肉の下味はしょうゆ、オイスターソース、塩、こしょうでつけました。野菜はキャベツ。ごま油を回しかけ、しょうが、ウェイパァーをきかせて中華味に仕上げています。

名もなき料理の、レパートリーは無限大

生協ではいつもおまかせ有機野菜セットを頼むので、野菜は自分では選んでいません。だから、いつも〝そこにある野菜〟でメニューを考えます。合わせる肉や魚を決めたら、味つけをにんにくしょうゆ、塩こうじ、塩こしょう、カレー系、みそ系、ケチャップ系の6パターンから選びます。すべて目分量なので、同じ味は2度とつくれないほどですが、おかげでマンネリとは無縁です。うまく組み合わせられない素材ばかりが残ったら、素材ひとつだけでつくれるメニューを増やす作戦で乗り切ります。

＊今回は大根、にんじんは大きめに切ると火が通るまで時間がかかるから、せん切りにして炒めようと決め、冷凍庫を覗いてひき肉と合わせました。酒をふって、塩こうじで味つけを。

宇高さん

晩ごはんは、つくる直前に考える主義！

時間を取られるので、つくる直前までメニューは考えません。家族に「今日なに？」と聞かれたら、「豚肉系かな」とか、素材を答えるようにしています。使うべき野菜から組み立てるのが定番で、次に肉、魚介などのたんぱく質、最後に洋風、中華風、和風の照り焼き系など、味つけを決めます。味つけが決まらないときは、クックパッドで検索することも。平日は名前のないメニューが中心。

＊今回はキャベツと白菜の残りを使い切りたいと思ったところからスタート。前日が洋風の味だったので、豚肉にはみそをまぶして下味をつけ、ごま油で炒めて中華風に。仕上げにオイスターソースを回しかけています。

近藤さん

〝名もなきパスタ〟がよく登場します！

肉や魚介はちょくちょく買いに出かけることもあり、わが家の夕ごはんは、名前のある料理が多い気がします。代わりに、家族みんなが大好きで、よくつくるパスタはいつも〝名もなきパスタ〟になります。残っている野菜をなんでも入れてしまい、しらすや桜えびなどでうまみをプラス。パスタは、意外になんでも受け入れてくれる料理なので、重宝します。

＊今回は、前日になにに使うか決めないままにざく切りしておいたキャベツを使ってパスタに。にんにくのみじん切り、ミニトマトと炒め合わせてクレイジーソルトで味つけ。桜えびをたんぱく源に加えて、茅乃舎の野菜だしと粉チーズで味を引き締めます。

ルール7
切らさず買う
定番加工食品と
調味料を決めておく
切
×2?
3?
¥198
本格
めんつゆ
¥298
¥398
¥398

使っている調味料や、乾物、缶詰、麺類などの加工品をリスト化してみると、とても種類が多いということに気がつきます。これらを買い物のたびに、「どれにしようかな～」「今日はこれが安いな～」「原材料もチェックしなきゃ～」とやっていたら、時間がいくらあっても足りません。いつも〝切らさず買う〟という、**自分にとっての定番品を決めておく**ことも、買い物上手になるためのコツです。

マキさんやあいこさんはあるとき、定番品を決めるために意識的に調味料を食べ比べてみたことがあるそう。そのときに自分にとってのベストを決めておけば、その後、気になるものがあれば、それと比べればOK。結果、マキさんは生協で買うことが多くなりました。近藤さんや宇高さんは、まずは生協の品をひと通り試し、違うと感じたものだけスーパーなどで買うというスタイルです。

1度決めてしまえば、原材料のチェックが不要になるうえ、確実に自分にとっておいしい味に出会えるので、定番品があると心強いもの。毎回、同じもののほうが使い慣れるので、**料理の仕上がりの味にぶれがなくなる**というメリットも。「絶対これ！」とまでは決めないまでも、ある程度、決まっているだけでも断然ラクなので、意識してリストアップするところから始めてみませんか？

みんなの定番加工品と調味料

桜えびのように使える、素干しあみえび。日もちもするので、たんぱく質が足りないときに活躍。東都生協で

化学調味料無添加のガラスープの素（ユウキ食品）はスーパーで。顆粒の手軽さがありがたい

無添加をうたっているポン酢もいろいろ試した結果、やっぱり定番のミツカンが好きという結論

やさかの有機塩こうじ。東都生協は安心＆おいしい市販品をセレクトしてくれているので買い物がラク

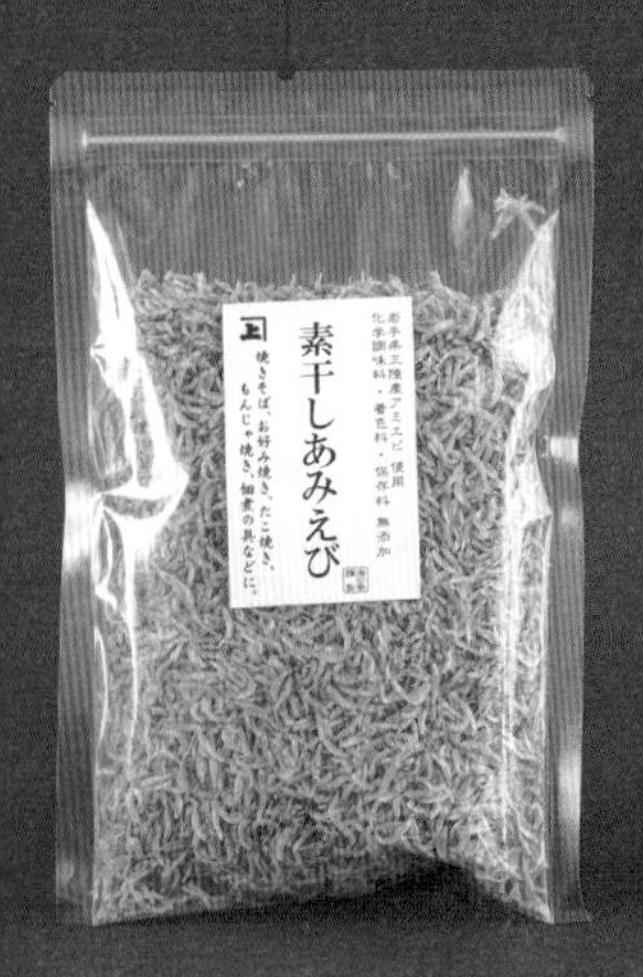

クレイジーソルト１本あれば、ハーブをいろいろ買わなくても、洋食、イタリアン系になるので重宝

生協で購入している加工品＆調味料リスト

ケチャップ、マヨネーズ、めんつゆ、塩こうじ、みりん、しょうゆ、白だし、料理酒、ごま油、なたね油、オリーブオイル、砂糖、塩、ソース、酢、かつおぶし、干ししいたけ、煮干し、オイスターソース、干しあみえび、鯖缶（水煮・みそ煮）、大豆缶、魚肉ソーセージ

8割生協で買い回りの労力が減！

東都生協のセレクトが自分の価値観に近いので、生協に依頼してしまえば、あちこち回って買い揃える必要がなくなり、買い物がラクになりました。家にあるものがなくなりそうなタイミングでの注文を基本にしつつ、月に１回まとめてチェックする日をつくるので、いつも切らさず、家にある状態をつくることができます。ひと通り生協のものを試して、好みに合わなかったものだけ、スーパーなどで買うようにしているので労力はかかりません。

スクリューマカロニは生活クラブで。ゆで時間が短いので時短で、スパゲティよりも食べやすく、そのうえ豪華に見える！

生活クラブで買う、鯖のみそ煮缶はピカイチのおいしさ！ そのまま食べたり、お弁当に入れたり、キャベツと炒めることも

のりの卸問屋が近隣にあるので、いつもそこで購入。ごはんがいくらでも食べられるおいしさ！

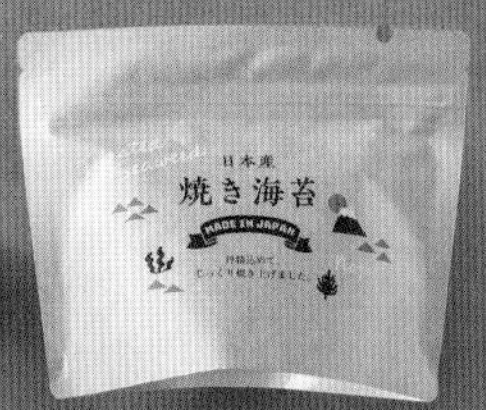

中華スープの素はやっぱりウェイパァー。ちょっと加えると味が決まるので手放せません。スーパーで購入

ラーメンは、家族の好きな味やバリエーション優先になるので、スーパーで

生協で購入している加工品＆調味料リスト

しょうゆ、料理酒、砂糖、米粉、焼きそば麺、焼きそばソース、マヨネーズ、ケチャップ、餃子の皮、大根甘酢漬け、ホットケーキミックス、みかん缶、はっさく缶、鯖缶（みそ煮）、バター、ビール、ワイン、りんごジュース、ちりめんじゃこ、かつお細けずり、スクリューマカロニ、ノンカップ麺

生協に頼れば、ちょっとの買い足しでOK

加工品＆調味料は、信頼している生活クラブで購入していれば、細かく原材料をチェックしなくてもいいので大部分を頼っています。おかげでスーパーで買うのは、「やっぱりわが家にはこれが、いいよね！」と思うものだけに。生協を利用するようになって定番品の買い出しが格段にラクになりました。定番品を生協のものにすると高くなる印象がありますが、セール買いやかぶり買いをしないので、トータルでは安いくらいかも。

生協で購入している加工品&調味料リスト
めんつゆ、干ししいたけ、のり、小麦粉、かつおぶし、ツナ缶、鯖缶、スパゲティ

夜久野そば本舗のそばの乾麺は、シンプルにざるで食べてもおいしい！　楽天の口コミで見つけて以来リピート

サラダ油代わりにいちばん使っている油。お菓子にも！　容器がプラなのも使いやすくて定番に。アマゾン定期便で購入

やきしお(海の精)は、伝統的な海塩がサラサラ状になっていて、おいしいだけでなく、使いやすい。アマゾンで購入

ツナ缶はパルシステムのオリジナルを。油も丸ごと使えるおいしさなので、オイル漬けを選択

ポン酢の定番は少しずつ変わりますが、今は、買いやすさとおいしさでパルシステムでも買えるゆず醤油かけぽん

あいこさん

こだわりとタイミングを優先して、生協は少なめ

調味料は、できるだけ安全でおいしいものをと思っていろいろ試したうえで、定番を決めています。生協のものも試しますが、必要なタイミングにカタログ掲載がないこともあるので、すぐ届くネットか、近隣で購入することのほうが多め。子どもを連れて重い瓶類やストック食材をたくさん持ち帰るのは大変なので、ネットは本当に助かります。乾麺、缶詰などは2か月に1回を目安にまとめて、周期がわかりやすい調味料はアマゾン定期便で。

宇高さん

スーパー中心に、これぞというものだけ生協で

スーパーと生協を併用して加工品や調味料を選んでいます。シンプルな材料でつくられる調味料などで、家族もOKなものは生活クラブで。家族が好きな味ではない場合はスーパーで。なくなりそうなタイミングでスマホのリマインダーに入れておき、スーパーでリストを見ながら購入すれば時短です。底値は意識せず、そのとき不要なら、セール買いもしません。

ドレッシングは生協よりスーパーのものを選びがち

酢は生協のものもトライしたけれど、わが家は家族全員ミツカンが好きという結論

ラップで漬けるぬかチューブ(コーセーフーズ)は食べたい分だけできて便利！　スーパーで

めんつゆとしても、煮ものをするときにも活躍する万能つゆは生活クラブで

生協は信頼できる、狭い選択肢だからラク！

マキさん

生協で購入している加工品＆調味料リスト
めんつゆ、白だし、しょうゆ、りんご酢、砂糖、みりん、なたね油、ごま油、オリーブオイル、マヨネーズ、ケチャップ、フルーツ缶(みかん・パイナップル・白桃)、バター、りんごジャム、わかめ、メープルシロップ、スパイス＆ガーリックソルト、おろしにんにく(瓶詰)、辛味ごまオイル、ホールトマト(パウチタイプ)、フリーズドライのみそ汁、かつお節(細削り)、のり、大豆ドライ缶、ツナ缶、鯖缶(みそ煮)、いわし缶、パスタ、ノンカップ麺、春雨、ホットケーキミックス、ミックスナッツ、ドライフルーツ

自分でつくるような素朴さと、甘めの味わいがお気に入りのドレッシング(戸村本店)はスーパーで

おいしいごま油でつくられる辛味オイルで、おだやかな味。ほかのラー油はもう食べられません。生活クラブで購入

バターというより、生クリームの延長線で楽しめます。ミルキーな感じが大好き。生活クラブで購入

冷蔵庫のドアポケットにぴったり収まり、ふり出せる！　片栗粉は水溶きいらずで、本当にラク。日清フーズのものをスーパーで

青森県産100%なうえ、食塩、クエン酸と原材料もシンプル。にんにくはだいたい少量で使うから、圧倒的に便利！　生活クラブで購入

安全面でもおいしさでも生活クラブを信頼しているので、調味料や加工品も、生協を中心にしています。重いものが多いので生協で届けてもらえれば、労力いらずです。生活クラブによって、信頼できる、確かな品質のものだけが選ばれている分、選択肢は少なめ。でも、だからこそ、その中からピックアップするだけでよくてラク。一部、家族が好きな味や、生協では見つからない便利な工夫があるものだけスーパーで買います。

生協で購入している加工品＆調味料リスト
しょうゆ、焼肉のたれ、万能つゆ、砂糖、マーガリン、マヨネーズ、ケチャップ、ローリエ、スパイス＆ガーリックソルト、牡蠣味調味料、だしパック、鯖缶、ホットケーキミックス

スーパーで見つかる焼肉のたれは、パンチが強すぎるので、生活クラブで購入

ルール8

㊟頼るべきは、冷凍食品。素材まんまも多く、いろいろ進化中

冷凍食品といえば、あれば助かるから、ときどき頼りにするものと考えている人も多いかもしれません。でも**今や、冷凍食品の実力はうなぎのぼり**。イメージだけで敬遠するのではなく、買い物の見直しをするときには、まずはお試しを。
「たとえ冷凍で届くとしても、生協で買える精肉と魚介は、近所で買う同じ価格帯のものよりおいしいです」と太鼓判を押すのは、あいこさん。「冷凍素材はおいしくない」というのは、もう過去の話。技術もぐっと進化しているため、シンプルに素材まんまのもので、おいしいものが、見つかるのです。「素材だけの冷凍食品は、生協の得意分野だと思います」とマキさん。

パラパラに凍結されていて、必要量だけ使えるタイプも便利。ちょっとずつという使い方がしにくかった冷凍品の難点を解決してくれる存在です。生協には種類が豊富ですし、スーパーでも増加中。解凍自体がめんどうという声もありますが、前の晩に冷蔵室へ移して解凍するという習慣を取り入れてみて。冷蔵品はどうしても消費に追われますが、焦らずにすむことも、冷凍品のメリット。冷凍野菜や、お弁当に入れれば自然解凍で食べられるという小さいおかずも豊富で、添加物が少なめのものが見つかるというのも、冷凍食品のうれしいポイントです。

みんなのお気に入りの冷凍食品

夫も私も食材の品質や添加物が気になるほうということもあり、料理として完成しているタイプの冷凍食品はあまり買いません。でも、素材まんまのシンプルな冷凍食品は欠かさず、なにかしら、冷凍庫に入っています。メインに使う肉や魚介はちょこちょこ買うので、冷凍品はちょっともの足りないというときに頼りにする存在です。そのためか、少量ずつ使えるような、パラパラに凍結されているものを買うことが多いです。

素材まんまの、シンプル冷凍食品を常備

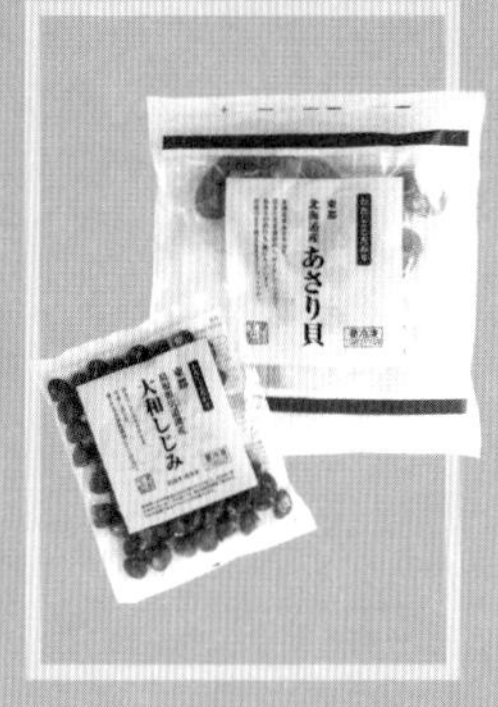

冷凍あさりと冷凍しじみは、よく購入する素材。砂抜きが不要で、冷凍のまま使用できるので、インスタント並みのラクさでみそ汁やすまし汁が完成します。東都生協で購入。

パラパラ凍結されているむきえびなら、使いたい量だけ使えるのが魅力。炊飯器で炊くえびピラフやパスタに、ブロッコリーと炒め合わせて副菜にも。東都生協で購入。

小さい1切れずつ使える鶏もも肉。照り焼きにしてお弁当に、けんちん汁、唐揚げ、カレーとなんでもいけます。レンジの解凍機能で解凍してから使用。東都生協で購入。

いろいろなタイプを積極的に愛用中です

食材にはこだわりたいと発信しているせいか、冷凍食品とは無縁と思われがちなのですが、あえて冷凍庫の使いやすい冷蔵庫を選んでいるくらい、積極的に愛用しています。生協で購入する魚介や鶏肉は基本冷凍で届きますが、私にとっては冷凍品というより、シンプルな素材です。ほかにも野菜の冷凍品もいくつか。下ごしらえがめんどうで使いたくない野菜や、旬じゃない野菜を使いたいとき用です。生協以外でも、家族がお気に入りの味を買うこともあります。大枠で安全安心な食材を選択しているので、ちょっとのジャンクはありです。

里いもは洗うのも、皮をむくのも手間がかかるので、私にとっては〝めんどう食材〟。使いたいときは冷凍。けんちん汁などに煮込んでいるのでおいしさも遜色なし。生活クラブで。

ささみソースカツ(ニチレイ)は、子どもが好きな味なので、スーパーで定期的に購入。電子レンジで温めるだけなので気軽です。お弁当に活躍。

生活クラブのチキンナゲットは子どもが好きという理由でよく買う冷凍食品。トースターで焼くだけで、お弁当のメインになります。

塾の前の軽食に便利なので、冷凍チャーハン、冷凍焼きおにぎりなどを生協で買っておきますが、ときにはセブイレブンで夫が好きなすみれのチャーハンを買うことも。

スイートポテトは生活クラブで。かわいい形で彩りがよく、デザートとしてお弁当に入っていると娘のテンションが上がるみたい。同じ理由で、みたらしだんごの冷凍も常備。

解凍が苦手なので、最低限に頼ります

〝解凍という手間〞が苦手な私は、冷凍品はあまり買わないというのが実情です。自分が苦手なことを無理しなくてもいいと思っているので、できるだけ避けています。晩ごはんをつくり始める直前まで、つくるものを決めないタイプなので、前日に冷凍庫から冷蔵庫へ食材を移して解凍ということができないというのも理由のひとつ。冷蔵庫のパーシャル室に入れておけば肉のもちがいいので、冷凍品がなくても１週間、余裕で乗り切れるというのも大きいです。

中学生の息子が今でもアンパンマンポテト（味の素冷凍食品）が大好きで。お弁当に入れてほしいというので、これは何度もリピート。

枝豆とほうれん草は、ときどき冷凍品を購入します。スーパーだと国産野菜のものはあまりないので、生活クラブで。枝豆はさっと洗ってそのままお弁当に入れられて便利。

自分で冷凍するよりもおいしい！

私が生協でいつも買うのは、加工の少ないシンプルな冷凍食品。鮮度がよい状態で急速冷凍されているので、スーパーで購入した肉や魚を自分で冷凍するよりもずっとおいしいです。冷蔵の肉や魚介を１週間もたせるのは難しくても、冷凍素材なら大丈夫。食材に追われることなく、自分のペースで食べられるので便利です。魚介や肉は一部を除き、冷蔵室に移して解凍して使っています。

パルシステムの冷凍うどんは、北海道産の粉、塩、水だけでできたシンプルなもの。コシがあっておいしいのと、個包装されているので、レンジで使いやすくてお気に入り。

冷凍の秋鮭の切り身はパルシステムで購入。シンプルに焼き魚にするのはもちろん、骨なしなので、炊き込みごはんや唐揚げなどに使いやすい。

フライは冷凍を選んで手間をカット！

肉や魚介は商店街でちょこちょこ買いができるので、メインになる素材は冷凍でまかなうことはあまりしないわが家。冷凍食品はサブ的に使うことが多めです。完成している冷凍惣菜も試してみましたが、家族が好まないものも多く、唯一残ったのは魚のフライ。粉、卵、パン粉をつけるというめんどうな作業が大幅にカットできるうえ、でき上がりのおいしさも満足。お弁当にはもちろん、生協の白身魚フライを晩ごはんのメインにすることも。

白身魚とタルタルソースのフライ（ニッスイ）はスーパーで購入。冷凍のままお弁当に入ればOKという気軽さが○。

解凍せずに炒めものの中に投入してお弁当のおかずに彩りをプラス。国産ほうれん草の冷凍品が見つかるのはありがたい！　生活クラブで購入。

わが家の大定番のバジルソース。生活クラブで見つけたときはまとめ買いをします。パスタはもちろん、ふかしじゃがいもや鮭のムニエルにかけるソースにするのも好き。

そのまま出すだけで、ごはんのおともとして１品になるし、解凍しなくてもごはんに混ぜれば即食べられます。パルシステムで、食べ切りサイズの少量パックのものを購入。

ルール9

目先の安さにこだわらないことが結局、節約になる

生協は大がかりな特売もほとんどないうえ、商品に対しての独自のセレクト基準もあり、市場価格より食材が高いというイメージを持つ人も多いようです。

「パッと見ると高く感じるかもしれないですが、**同じクオリティの野菜、肉や魚をわが家の近所で揃えようと思うと、もっと高くつきます**。だから**同じ質なら生協のほうが安いし、素材そのものがおいしいから適正価格**です」とあいこさん。

大木さんも、「以前ほどは市場価格との差がなくなっていてびっくり。**ネット注文だと合計金額を確認しながら注文できる**から買いすぎ防止になるし、特売に惑わされて無駄なものを買わなくなって、**結果的には節約**。買い物履歴を簡単に見返すことができることも、重複買いをしないことにつながります」と、心強い発言です。つまりは、安く買うことではなく、ロスを出さないことで節約するのです。

「私は生協のスイーツが大好きなんですが、家においしいものがあると、カフェに入るのが高く感じて行かなくなりました。カフェ代との差額を考えただけでも節約です。それでもやっぱり高いと思うなら、**時間と労力を買っているとシンプルに考えるといいと思います**」と、マキさん。よい食材を選んで家まで運んでくれる家政婦さんを依頼することを思えば、生協は格安な選択といえそうです。

ルール10
冷蔵庫にこそ、
買い物を制する
コツあり
冷
MILK
ほうれんそう

食材のロスを出さず、上手に回すためには、その管理方法が重要です。とくに冷蔵品は鮮度がよいうちに使い切りたいものですし、余裕をもって使える冷凍品でも、忘れてしまって何か月も冷凍庫にあるという状況は避けたいものです。

心地よい暮らし研究会のメンバーの冷蔵庫を見せてもらうと、ひとつの共通ルールがありました。それは、**長めに保管する食材と、短期間で流れていく食材、それぞれのスペースを意識して分けること**。目に留まりやすく、出し入れしやすい位置をゴールデンゾーンと位置づけ、流れていく食材を入れておく場所として、5人とも確保しています。一方、増減しながらもいつもある定番品や、保管する意味合いで冷蔵庫に入れているものは、ちょっと使いにくくてもいいので、上段や奥に収納。ゴールデンゾーンをこまめにチェックしているだけで使い忘れを防げるので、フードロスになりません。

小さいサイズの冷蔵庫がかえって使い勝手がいいと考えている人も。大きすぎると安心して買いすぎてしまい、忘れるという意見です。性格にもよりますが、大きい冷蔵庫がベストというわけではないのです。**冷蔵庫の中まで美しく！と考えず、自分にとっての使いやすさを優先する**ことも大切です。

みんなの冷蔵庫の使い方

目線上から腰の高さが使いやすいので、そこをゴールデンゾーンと考えて、チルド室と合わせ、肉、魚介など、早めに使っていきたい食材を集合させています。両サイドのドアポケットには、瓶ものを中心とした調味料類を。卵ケースはもともとはポケットに置かれていましたが、野菜室に移動しています。

ごま、揚げ玉、干しえびなど、袋に入ったままだと使いにくいものは、ケユカの容器に詰め替え。ニトリの冷蔵庫ケースにぴったり収まりました。片手で出し入れでき、便利。

週に1回のリセットを習慣に

私は野菜をほぼ生協で頼んでいるので、届いた日は１週間分の野菜を冷蔵庫で保存することになります。同じ1週間内で、ぎゅうぎゅうから、ほぼ空っぽまで、大きな差があります。でも、この１週間サイクルが私には合っていて、生協が届く前日に、週に１度の「冷蔵庫リセット」が習慣になりました。空になるタイミングなら掃除もしやすく、合わせてざっと賞味期限のチェックもするので、早く使うべき食材にも気がつき、冷蔵庫管理がうまくいきます。

独立タイプのキッチンの入口近くに冷蔵庫を配置。冷蔵庫は東芝のもので容量は508ℓ。6ドア、両開きタイプ。

野菜室

ほぼ空っぽに！

左が生協の配達直後で、右が配達前日の様子。リセットされてすっきり！　ケースで仕切って、それぞれに定位置をつくることで見渡しやすく管理しています。すぐ使う卵も野菜室が定位置（残りは冷蔵室の最上段にあり、使い切ったら新たなパックをここに移動）。

冷凍室

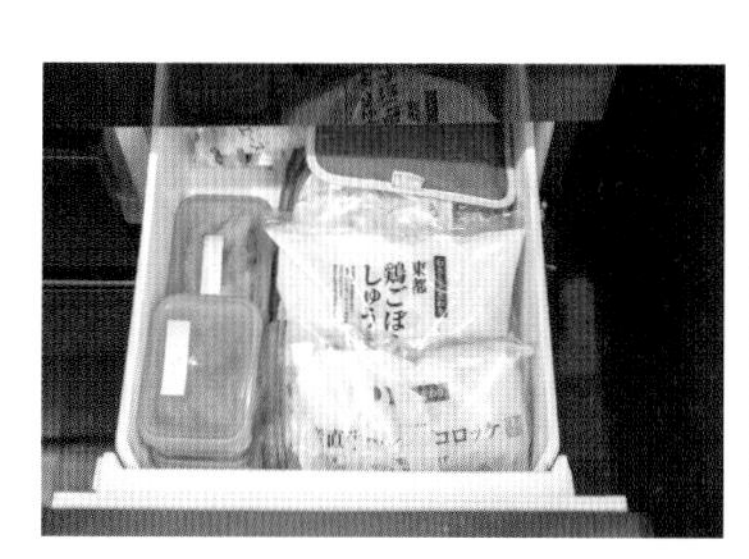

右が大きい冷凍室。真ん中のかごは開封済みのものを入れ、早めに使うことを意識。左は小さい冷凍室。お弁当用のものをまとめ、バタつく朝は１か所開ければいいようにしています。

冷蔵庫は、大きければいいわけじゃない!

結婚当初に購入した小さい冷蔵庫を20年以上使い続けています。高さ145㎝と、せいぜい2人用サイズですが、大学生、高校生男子のいる4人家族の食材をこれで保存しています。気に入っているデザインというのもありますが、小さいからたくさん保存できず、冷蔵庫の中のものをすべて把握でき、こまめに食材を回す習慣が身につくのがメリット。買い込みすぎを無意識に自制するようになるので、結果的にフードロスを生まない冷蔵庫です。

オープンキッチンの目立つ場所にあるのでデザインも大事。背の高さと比べるといかに小さいかがわかります。ナショナル時代のもので容量は260ℓ。2ドアタイプ(生産終了)。

マヨネーズやケチャップには専用ケースをつくってラベリング。家族がちゃんと戻せるようになり、冷蔵庫の中での行方不明がなくなりました。

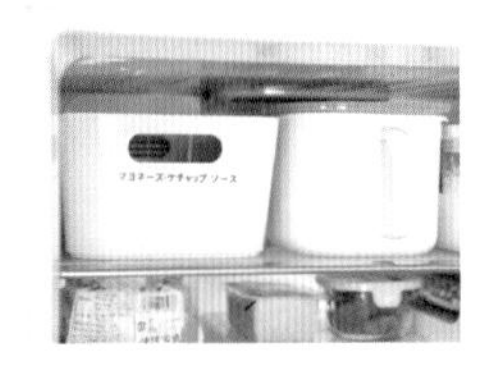

いちばん下にあるのが野菜室。扉ポケットには調味料などの瓶ものや卵を。ゴールデンゾーンの下の棚は、米、ヨーグルト、生ラーメンと、流れつつも常備している食品の定位置。

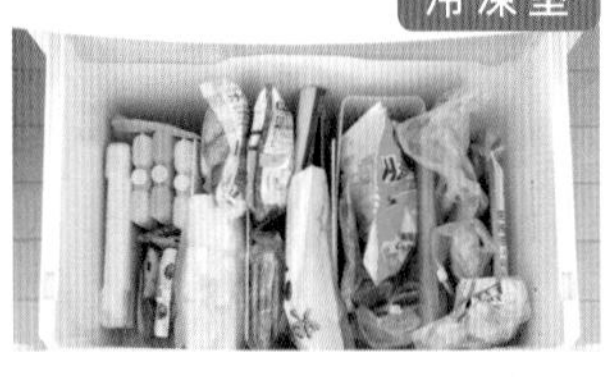

ファイルケースやブックエンドを使って立てる収納。冷凍品はとにかくここに入るだけしか買いません。上部の内引き出しにはアイスとスイーツのみを入れるようにしています。

冷蔵庫が小さいから逆に助けられる!

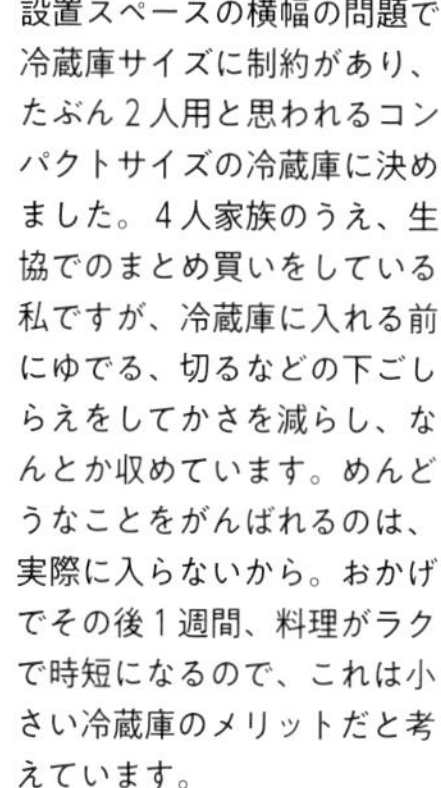

設置スペースの横幅の問題で冷蔵庫サイズに制約があり、たぶん2人用と思われるコンパクトサイズの冷蔵庫に決めました。4人家族のうえ、生協でのまとめ買いをしている私ですが、冷蔵庫に入れる前にゆでる、切るなどの下ごしらえをしてかさを減らし、なんとか収めています。めんどうなことをがんばれるのは、実際に入らないから。おかげでその後1週間、料理がラクで時短になるので、これは小さい冷蔵庫のメリットだと考えています。

対面式キッチンの奥にある冷蔵庫置場。幅がかなり狭かったので冷蔵庫は必然的に小さいサイズに。シャープのもので容量271ℓ。2ドアタイプ。

いちばん下にあるのが野菜室。ゴールデンゾーンは1段を広めに取り、残りごはんが入っている鍋やミールキットなどが入るようにしています。下ごしらえした野菜も保存容器に入れてこのゾーンに。

浅い引き出し3個なので立てる収納にぴったり。上段が朝食＆おやつ、中段がお弁当、下段が晩ごはん用と時間軸で入れる食材を分けているので、料理のときはひとつの引き出しを開ければＯＫ。

ドアポケットが小さいので、ここに合うサイズのボトルを探し、調味料や自家製しているたれを詰めて収納。手になじむサイズで結果的に使いやすさもアップ。

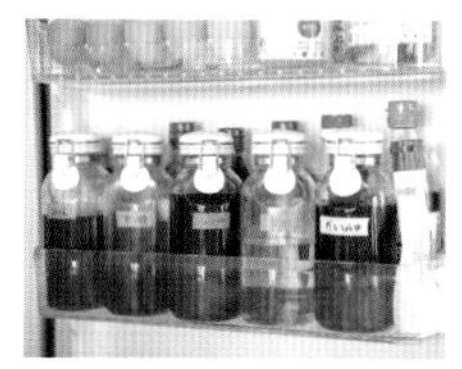

大きい冷蔵庫で、見渡しやすく

ぎゅうぎゅうに食材を詰め込みたくないのと、デザインと質感の好みで選んだので大きいサイズになりました。食材の奥に食材を入れる必要がないので、扉を開いたら全体を一望でき、死角ができないのがメリットです。ぬか床も自家製みそも収められるので結果的に大きいサイズで正解でした。大きくなっても、たくさん買わない、詰め込まないよう意識しているので、鍋を丸ごと入れることもできて便利です。

オープンキッチンの一角に冷蔵庫。丸見えで目立つので、シンプルなデザイン、マットな質感にこだわりました。パナソニックのもので容量は513ℓ。6ドア、両開きタイプ。

上3段はどちらかというと保管庫。チルド室とその上の棚が日々動いている棚で、ここだけ見れば使うべきものが一目瞭然。息子も料理をするので、わかりやすいことは大事です。

生協が届いた日の野菜室。大きい冷蔵庫を選んだのでいつもゆとりがある状態です。湿度を適切に保つ機能があり、鮮度が長持ち。収納グッズは使わず、ゆるやかに立てる収納に。

冷凍品もパッと見てすぐに目的のものを見つけられるほどにしか食材を入れません。下段奥はパンやお菓子をつくるときに使うナッツやレーズンの保管場所。

進化したパーシャルで問題解決！

週１のまとめ買いを基本にしているのに、冷凍品を扱うのが苦手な私。冷蔵庫を買い換える前は肉や魚を冷凍して回す努力をしていましたが、忘れがちでうまく管理ができませんでした。その問題を解決してくれたのが、冷蔵庫。パーシャル機能がすばらしく、よい状態で長く保存できるようになったので、まとめ買いで１週間余裕で乗り切れるようになりました。苦手なことは自分を責めるのではなく、家電に頼る。これもありだと思います。

独立タイプのキッチンの入口近くに冷蔵庫を配置。冷蔵庫はパナソニックのもので容量501ℓ。6ドア、両開きタイプ。

左下のシルバーのケースは開封済みで早く使いたいものをまとめて収納。いちばん下がパーシャル室。ここに肉、魚介を入れておけば、鮮度が長もちします。ドアポケットには瓶ものの調味料や飲料を。透明容器を使うことで、パッと見て中がわかるようにしています。

使用中の容器の奥には空の容器を収納。奥に食材を入れると忘れがちなので、その場所を活用。収納場所を別に用意する必要もなく一石二鳥です。

パンは自家製にしているので、その材料と焼き上がったパンが冷凍室を埋め尽くしています。パンは朝食１回分ずつをひとつの保存袋に入れ、取り出しやすく立てて収納。

野菜室

手前には米を。その奥はケースで３つに仕切り、大きいもの、それ以外、フルーツというようにゆるやかに仕分けています。上の内引き出しにも３つのケースを入れ、仕切りに。

みんなのストック食材の保管法

災害に備え、2か所収納に

わが家のストック食材の保管庫は１階と２階両方にあります。１階にまとめて入れ、一部を２階キッチン奥のパントリーへと、２段階で収納しています。２階にもそれなりに保存しているのは、地震などの災害時に、１階が機能しなくなった場合に備えてのことです。右が1階の階段下収納、左が２階のパントリー。パントリー内は、無印良品の引き出しケースやかごを使い、それぞれに缶詰、お菓子、乾物、袋ものなどとジャンル分けして収納。

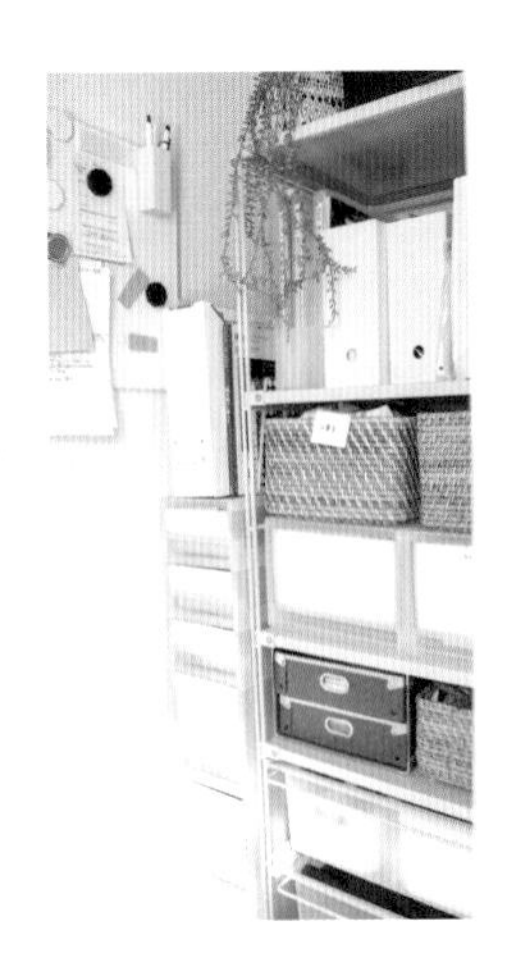

近藤さん

キッチン内の収納スペースに分散収納

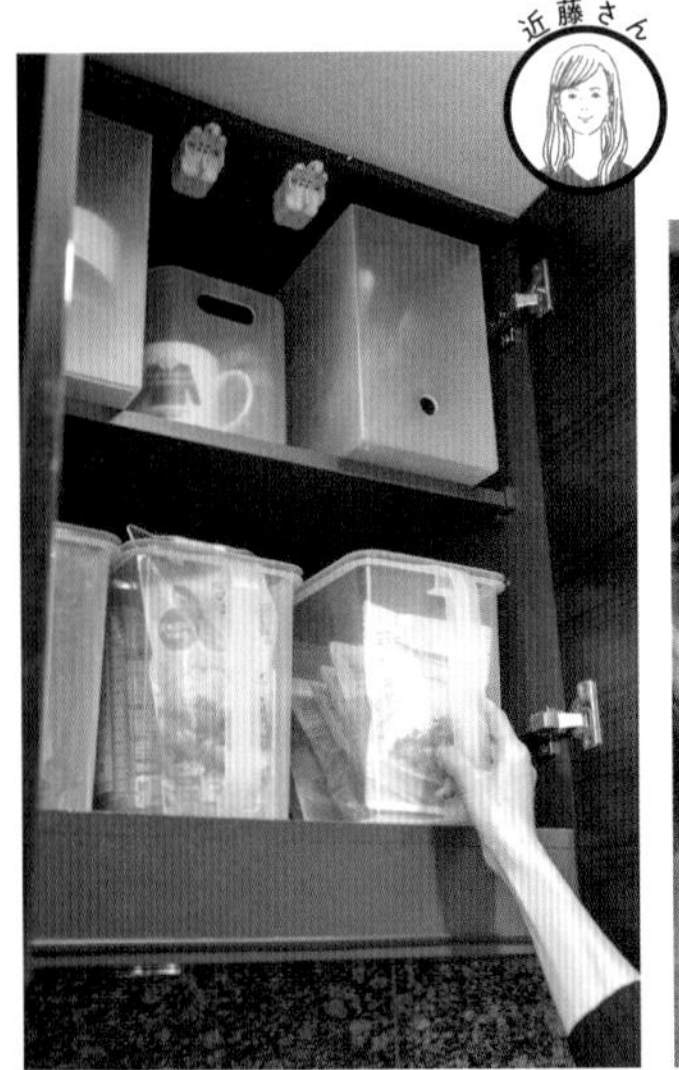

ストック食材は、キッチン内の収納スペースに収めています。キッチンが独立タイプということもあり、吊り戸棚も引き出し収納も多めなので、水など、大量に届くもの以外はほぼ入るので助かります。吊り戸棚の下段にはローリングストック（p.168参照）を兼ねたレトルトや、袋に入った食材ストックを収納。脚立なしでも取り出せるよう、下のほうで取っ手をつかめる吊戸棚ストッカー（ニトリ）を使っています。足元の小さい引き出しは缶詰専用に。

キッチン内収納にしっかり収める

独立タイプであり、かつ空間を無駄なく使えるようキッチンをフルオーダーしているので、狭いながらも収納スペースは多めに取れています。とくに通常より低い位置までを吊り戸棚にした（p.132参照）のは収納力も使い勝手も大正解。缶詰は吊り戸棚の下のほうに、かごを2つ使って収納（写真右）。奥のものも取り出しやすいです。災害時用のストックの意味合いが強い食品はあまり出し入れしないので、吊戸棚のいちばん上に（写真左）。

リビングの棚を食材庫として活用

壁づけキッチンでキッチン内の収納は少なめ。なので、真横に位置するリビングのキャビネットをストック食材の収納庫にしています。動線はよく、扉を閉めてしまえば、食品が入っているとは思えない状況ですっきりです。無印良品のファイルボックスにラベルをつけて、どこになにがあるかわかりやすい状態に。少ないように見えますが、災害時、1週間くらい家に籠城できる程度の量は十分あります。

シンク下を奥と手前で使い分け

わが家のキッチンは本当にコンパクト。吊り戸棚もありませんし、もともとのキッチン幅も狭めです。その下に扉タイプの収納があるのみですが、引き出し式よりは収納力があるのが利点。手前によく使うものを、奥にあまり出し入れしないストック食材や備蓄の水を収納する形にして乗り切っています。無印良品の引き出しケースには、缶詰や袋ものの食材を。災害時のローリングストックにもなっています。

生協との暮らし アイデアいろいろ

生協はスーパーとは違うシステムである以上、
今までとは違う仕組みを暮らしに取り入れる必要があります。
1週間前注文が、いちばん大きな違い。また、不在時の受け取りにも工夫が必要だったり、
コンテナや保冷ボックス、回収してもらうカタログやリサイクル品などを
次回の配達日まで保管しておかなければいけなかったり。そのあたりの工夫を
まとめてご紹介。毎週のことなので、ちょっとしたことでより生協が使いやすくなります。

受け取りの工夫と関連グッズの保管法

玄関脇をボックス保管の定位置に

冷蔵、冷凍品が多いため、場合によっては発泡スチロールの保冷ボックスが5～6個になってしまうというあいこさん。食材をすべて室内に運び込んだあとは、コンテナ、保冷ボックスともに、玄関のすぐ脇にある、エアコンの室外機置き場に保管にしています。次回の配達時に回収してもらうリサイクル品は、保冷ボックスに入れておき、戻し忘れないようにしています。

右：玄関脇の室外機置き場。こちらの部屋にはエアコンを設置していないので、生協のボックス置き場としてぴったりの場所（マンションの規約によってはＮＧな場合もあるので注意）。
左：生協に回収してもらうリサイクル品は、発泡スチロールの保冷ボックスの中に保管。紙のカタログがないコースを選んでいるので、カタログはなし。

右：手前の折り畳めるバッグはセリアで購入。保冷バッグはAO Coolersのもの。保冷力が強いのが魅力で、シンプルなデザインなので日々目にしていてもうるさくありません。「配達当日の朝に玄関外に出すのを忘れないよう、スケジュールアプリのリマインダーを活用しています」
上：片手で持てる持ち手がついているバッグなので、玄関からキッチンまで一気に運べて便利。

宇高さん

バッグに入れてもらえば移動がラク

配達日の朝に、大きな保冷バッグと折り畳めるエコバッグを玄関前に置いておく宇高さん。要冷蔵のものは保冷バッグに、それ以外は大きなエコバッグに入れてもらい、発泡スチロールの保冷ボックスやコンテナは持ち帰ってもらっています。保冷バッグとエコバッグはどちらも片手で持てるので、キッチンまで何度も往復する必要がなく、一度に持ち運べるのがメリット。

保冷バッグも畳めるので、発泡スチロールの保冷ボックスより場所を取らずに収納できるのもポイントです。

玄関収納内に定位置をつくり、バッグのほうには、回収してもらうリターナブル瓶や、リサイクルしてもらうカタログ、卵ケースなどを保管しています。

２つのバッグを保管しているのは、玄関にある納戸的な収納スペース。生協に戻してリサイクルするものはバッグの中に一時保管。

＊生活クラブの荷受け方法は地域によって異なる場合があり、詰め替え対応をしていないエリアもあります。

大木さん

シンプルデザインのクーラーボックスを用意

フリーランスで活動する大木さんは、ある程度仕事の調整ができるので、配達日には外出をともなう仕事を可能な限り入れないようにスケジューリングしています。それでも留守をするときは、クーラーボックスに冷凍、冷蔵品を入れてもらうよう依頼。クーラーボックスはLOGOSのもので、発泡スチロールの保冷ボックスをそのまま家に保管するよりぐっと見栄えがよいデザイン。玄関前に置いてあっても、すっきりした印象になります。

玄関横にあるシューズクローゼットの中にクーラーボックスとコンテナの定位置をつくりました。生協を始めるときに保管場所まで考えておくとスムーズ。回収してもらうリサイクル品はコンテナの中に保管しています。

留守にするときは、クーラーボックスに生協のコンテナを重ねて玄関扉前にスタンバイさせておきます。

＊生活クラブの荷受け方法は地域によって異なる場合があり、詰め替え対応をしていないエリアもあります。

玄関の扉横にラックを設置してすっきり！

テレワーク中心で働いていることもあり、基本的には配達日に直接受け取りをしているというマキさん。コンテナや保冷ボックスは持ち帰ってもらうため、保管しておく必要はありませんが、リターナブル瓶やリサイクルするカタログ類は、玄関の前に置いたスチール製のラックの上段に保管しています。「留守にするときはここから持っていってもらうよう、配達の担当のかたに伝えてあります」。

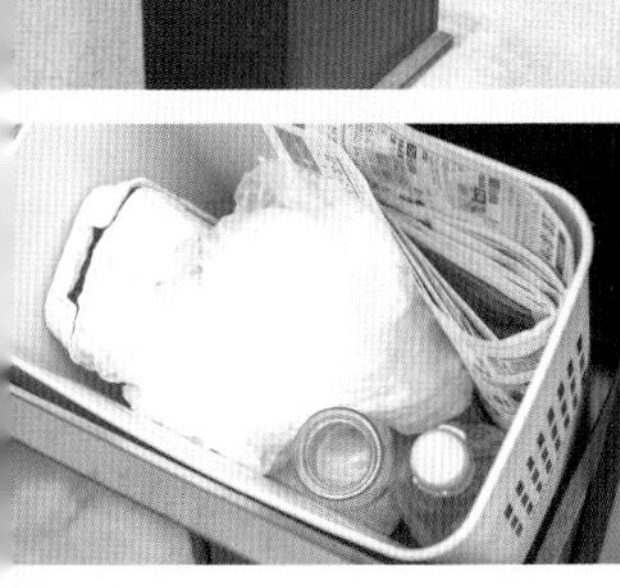

上：玄関の前にすっきりとたたずむスチールのラックは、分別用のごみ箱として市販されているもの（ディノスで購入）。
下：上段に回収してもらうカタログやリサイクル品を一時的に収納。

生協決めには、配達曜日が重要ポイント

在宅しやすい配達曜日を決め手に加入生協を決めた近藤さん。「曜日が自分の生活リズムとの相性がいいことは大切なので、加入前に必ず確認したほうがいいです」。おかげで直接受け取ることができるため、コンテナなどの置き場所はもうけず、回収してもらうリターナブル瓶やカタログ用に、靴棚の1段を空けておくだけでOK。どうしてものときは、ベランダで一時保管しています。

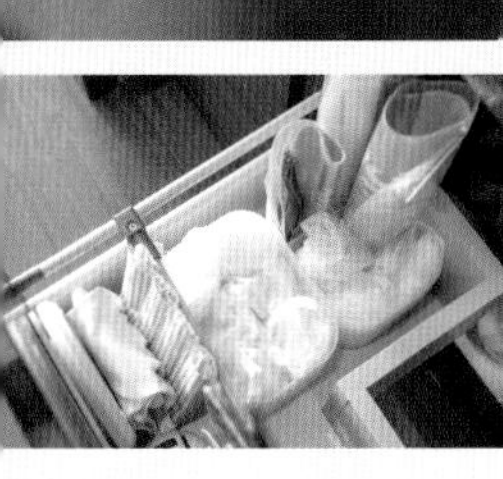

上：回収物は、玄関で配達のかたに渡すので、保管場所も玄関に。靴棚の1段を空け、定位置に決めました。
下：配達に使われるポリ袋は、回収してリサイクルもしてもらえますが、近藤さんは資源ごみ用に再利用して自分でリサイクル。キッチンの引き出しの中に収納しています。

生協を注文するときの工夫

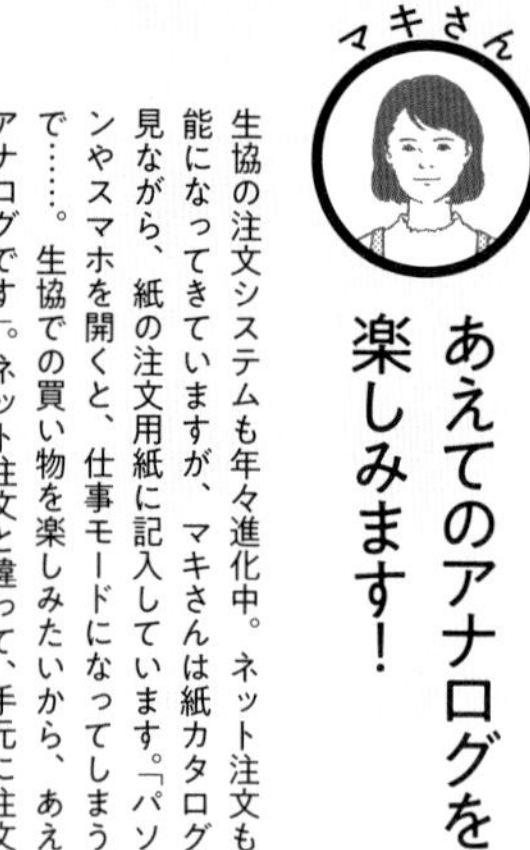

あえてのアナログを楽しみます！

生協の注文システムも年々進化中。ネット注文も可能になってきていますが、マキさんは紙カタログを見ながら、紙の注文用紙に記入しています。「パソコンやスマホを開くと、仕事モードになってしまうので……。生協での買い物を楽しみたいから、あえてアナログです」。ネット注文と違って、手元に注文履歴が残らないのですが、それも届いたときに、「わ！そういえば、これ注文してた！」とお楽しみボックス的にワクワクできるので、メリットと考えます。

紙カタログとネット注文のいいとこどり

注文は紙カタログを見ながら、パソコンで番号入力するのが早いという結論に至った大木さん。ルーティン食材はできるだけ予約注文リストに入れておき、キャンセルしない限りは自動的に届くようにしています。「注文の時短と、生産者が安定供給しやすくするためです」。また、届く日の午前を注文日と決め、届く予定の食材をネット上で確認しながら注文するのがルーティン。注文忘れや食材かぶりの防止になり、ほかの日は生協について考えずにすみます。

近藤さん

調味料は気づいたときにLINEで注文

ルーティン食材は、自動的に毎週届くよう登録しているという近藤さん。「週に1回、勝手に届くイメージです。毎週するのは、必ず注文する野菜セットの中身を確認して、かぶっていたら自動で届く登録品を削除し、注文ボタンを押すだけ」。月に1度だけ、カタログをじっくり見る日をつくり、ときどきしか買わないものをまとめて注文。調味料などはストックがなくなったら、そのつどLINEで注文。「東都生協はLINE注文があるのが便利です」。

あいこさん

自動で届くものを増やす注文方法に

「毎週同じことをするのが苦手で忘れてしまうから、できるだけ自動で食材が届く仕組みにしています」とあいこさん。パルシステムにはアプリがあって使いやすく、お気に入りに登録して、自動的にカートに入るようにしているそう。「必要なものをカートに入れるのではなく、不要なものをカートから外す形にしているので、かなりの時短。年に何回かしか登場しない食材もお気に入りに登録しておけば自動でカートに入ってくれるので買い忘れもありません」。

宇高さん

注文日を決めて、ほかの日は考えない

紙カタログを見つつ、スマホ注文をしている宇高さん。「紙を見ながらのほうがテンションが上がりますし、ネット注文なら食材配達日の翌日朝まで次回注文の変更ができるので。両方のよさを取り入れています」。さらに、注文後に届く注文内容が記されたメール画面をスクショして、カレンダーアプリの配達日に貼りつけておくのだそう。注文したものが一覧できて、スーパーでの買い出しのときなどにかぶらないように調整できて便利です。

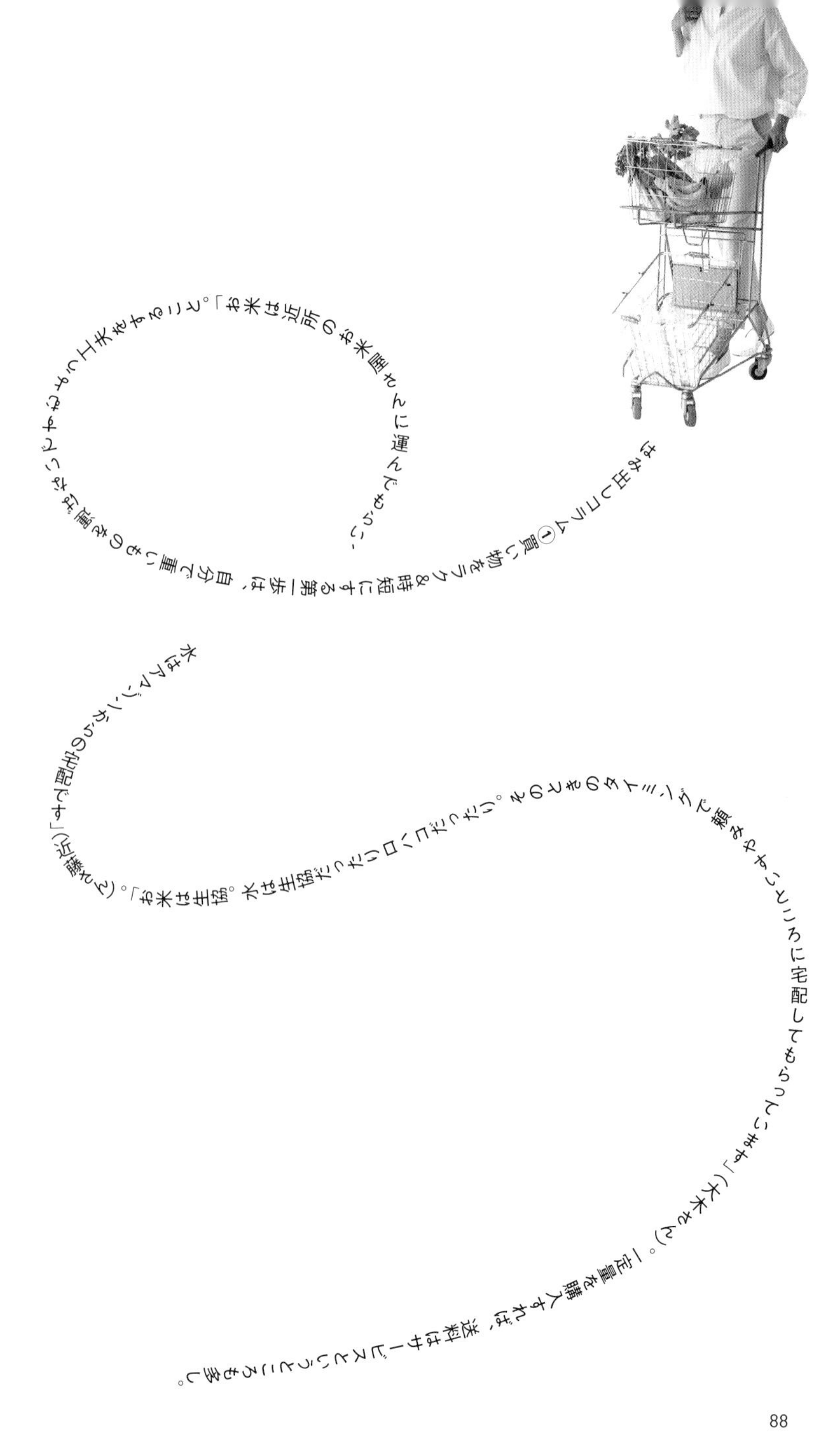
はみ出しコラム①買い物をラク&時短にする第一歩は、自分で重いものを運ばずにすむように工夫をすること。「お米は近所の米屋さんに運んでもらい、水はアマゾンからの宅配です」(近藤さん)。「お米は生協。水は生協だったりコンビニだったりそのときのタイミングで頼みやすいところに宅配してもらっています」(大木さん)。一定量を購入すれば、送料はサービスというところも多し。

2章

料理の手間が減る、〝ラク&時短食材〟を買う

好きか、栄養があるか、食べたいか、にラク&時短になるか？という視点を追加して食材を選ぶと、負担が大きく減る

「料理はめんどうくさいし、時間もかかる。今日は疲れているから料理はしたくない！」そんな日はだれしもに、あるもの。疲れている自分をいたわる気持ちでお惣菜に頼ったり、外食したりするのは、もちろんありです。

でも、料理をしたくない日が続くなら、もしかしたら、**いつも買っている食材のセレクトがよくない**のかもしれません。自分が当たり前のように買っている食材＝買いグセを見直すと、料理に対してのめんどうな気持ちが軽減でき、料理にかかる時間もぐっと減らせます。

例えば、じゃがいも。日もちもするし、家にいつもある定番野菜として、昔から認識されている野菜です。でも、**じゃがいもって、めんどう**ですよね？　ごつごつしていて、にんじんと比べたらピーラーがあてにくく、さくさくとは皮がむけない。火が通るのにも時間がかかるから、場合によっては下ゆでしたり、レンジにかけたり、下ごしらえも必要です。心に余裕があるときは、どうってことない作業なのに、疲れているときは、

そんなことがハードルになって、料理をつくりたくないと思ってしまうものです。では、なすは？　皮をむかなくても、ざくざく切ったら、フライパンで直炒めOK。火の通りもぐっと早く、時短です。つまり、じゃがいもよりも、なすのほうが、ず～っとラク&時短です。

だから、もし、**毎日料理するのが辛いと感じているなら、見直すべきは買いグセ。**当たり前に買っているものをラク&時短になる？　と意識しながら、見直してみるところから始めます。また、料理をするのがめんどうと思ってしまう食材があるなら、そんな〝めんどう食材〟を、しばらく買うのをやめてみるのも一案です。

大切なのは、自分にとってはどうか？　ということ。ラク&時短食材やめんどう食材は、人によって違います。心地よい暮らし研究会のメンバーに聞いても、ある程度の傾向はあるものの、なにをラクと感じ、めんどうと思うかは、まちまちでした。だから、人にとってどうか？　ではなく、自分にとってラク？　時短に感じる？　などと自問自答しながら、買い物を見直してみることがいちばん。そうやって選んだ**ラク&時短食材が家に揃っていれば、今日はお惣菜に頼らなくてもいける**、そう思える回数も増えてくるはずです。

「これ買い！」のラク&時短食材①

ミニトマト、トマト

マキさん

ミニならへたを取るだけ。朝食にもお弁当にもあったら助かるじゃなくて、ないと困る！

宇高さん

なにもしなくても、そのまま食べられるって本当にありがたい！

5人ともが真っ先に挙げたミニトマト&トマト。ミニならへたを取るだけで食べられて、お弁当にも彩りを添えてくれる「ないと困る」救世主野菜です。中〜大サイズのトマトも大活躍。皮をむかなくていい、切るだけでそのまま食べられるというのはバタバタと調理をしているときには本当に助かります。メインに添えるだけで、栄養バランス的にも彩り的にも花丸。もちろん火を通しても美味で、肉や卵と炒めれば、主菜にも。

「これ買い！」のラク&時短食材②

きゅうり

あいこさん

皮をむかなくていいし、ゆでなくていいし、切るのもラク。三拍子揃ってます！

宇高さん

そのままでも、塩もみでもぬか漬けでも。季節を問わず、きゅうりはマスト買い野菜

マキさん

即食べられるなんて、本当に助かる！ラク野菜の代表格！

皮をむく、ゆでるなど、ひと手間が必要な野菜が多い中、きゅうりの使いやすさは圧倒的。大きく切ってみそやマヨネーズを添えれば、コリコリ食べ応えのあるヘルシーな1品に。薄切りにして塩もみすれば、かさが一気に減り、たくさん食べられるのも魅力。大きなまな板を出さずとも切れるコンパクトさも、ラク&時短に貢献。ツナやマヨネーズとの相性がよく、子どもが食べやすいメニューに展開しやすいのも大きな魅力です。

「これ買い！」のラク&時短食材③

レタス

あいこさん

生で食べられてラク。すぐ火が通るので時短。そのうえ包丁いらずって、うれしい！

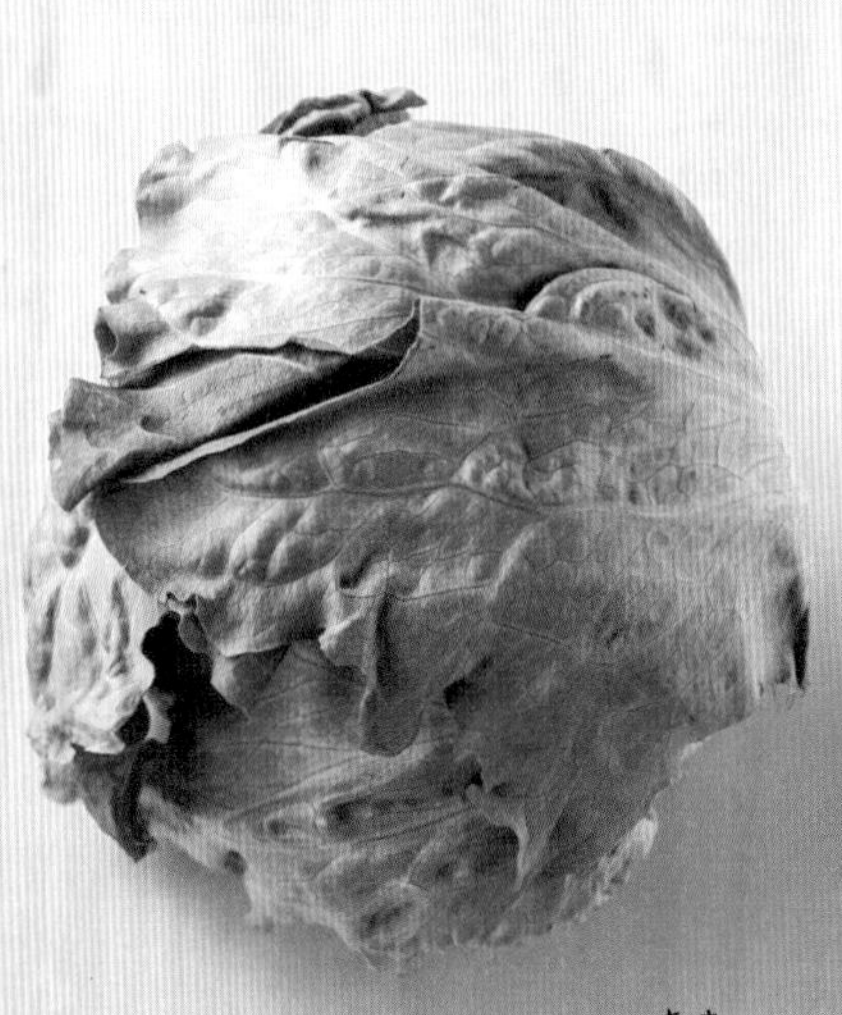

マキさん

生でよし、炒めてよし、煮てよし！

包丁いらず。手でちぎるだけで、あっという間にサラダが完成するラク野菜。生で食べるイメージが強いですが、それだけはもったいない！すぐ火が通るという特徴に目を向けると、かなりの時短食材。例えば、豚薄切り肉と合わせてレタスしゃぶしゃぶに。同じ材料+白だし+にんにくでスープにすれば、たくさん食べちゃうおいしさ。みそ汁にも、食感を残しつつ卵とじにしてもおいしい。丸ごと買えば、意外に日もちもします。

「これ買い！」のラク＆時短食材④

ブロッコリー

マキさん

バキッと手で折れば、小房に分けられる！
ラクな下ごしらえでさらにラク

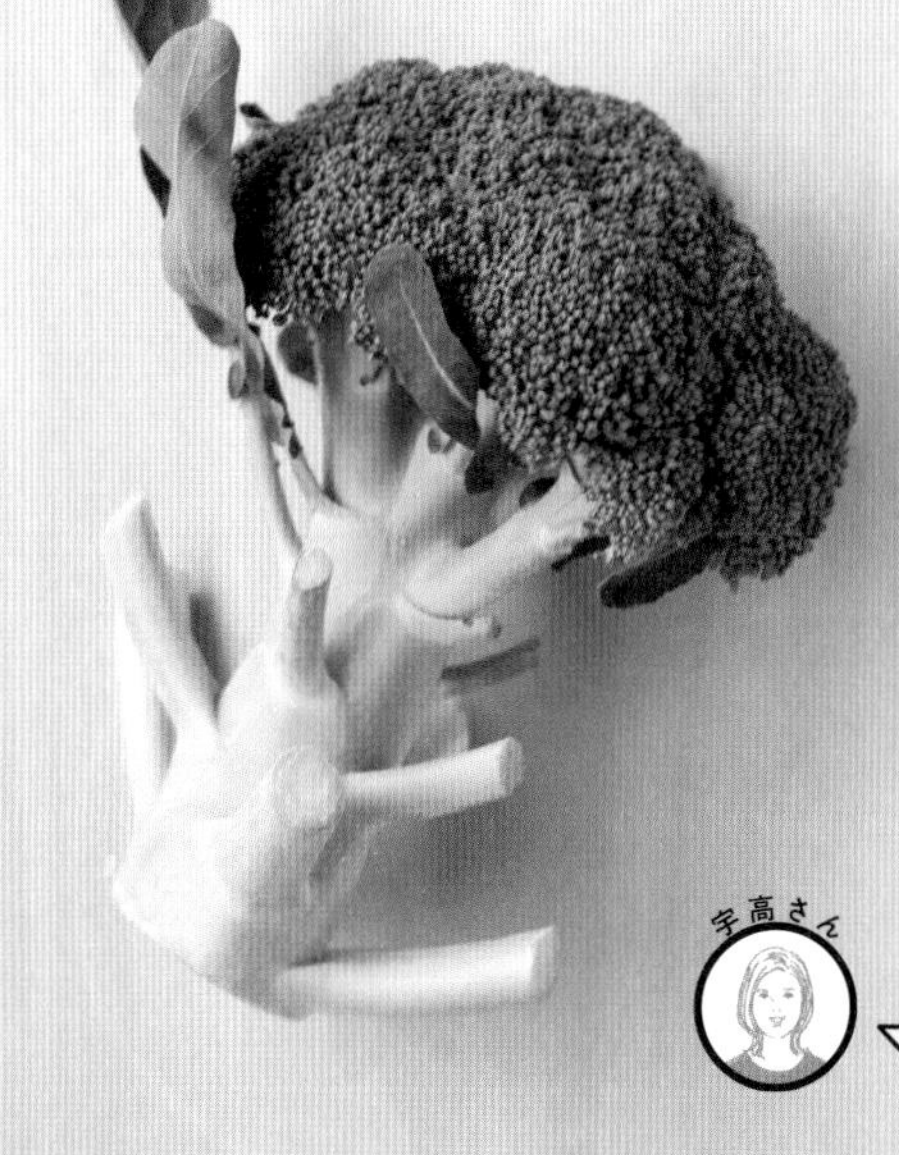

宇高さん

ゆでるだけなのに、栄養価が高くて
彩りもよくて。子どもも好きで助かる！

ゆでさえすれば、そのままでおいしく、弁当にサラダに、さらに炒めものやパスタにと大活躍。葉野菜よりもゆでやすく、絞る必要がないのも、ラク野菜認定のゆえんです。

フライパンに並べ、少量の水＋ふたで蒸し焼くように火を通せばさらにラク。ちなみに小房に分けるときはバキッと折るだけでもOKです。

ビタミンA、C、Eを多く含み、栄養価も抜群。彩りもきれいで子どもにも人気。そのうえラクなんて大助かり。

「これ買い！」のラク&時短食材⑤

小松菜

大木さん

ざくざく切って、ちょい足し感覚で炒めものに加えられるので彩りと栄養価が簡単にアップ

近藤さん

あく抜きいらず。クセが少ないからどんな料理にも！

同じように栄養価が高くて人気があるほうれん草と比べたら、小松菜はクセがなく、下ゆでをしなくていい分、圧倒的に扱いがラクな野菜です。

ざくざく切ったらそのままフライパンや鍋に放り込むだけ。火の通りが早いことも、時短に貢献してくれます。

ゆでてポン酢をかけ、桜えびをパラリ。刻んでチャーハン。バターやごま油で炒めるだけでお弁当のおかずにも。少量なら茎はポキポキ折って葉は裂いて、包丁いらずです。

「これ買い！」のラク&時短食材⑥

なす

マキさん

皮をむかなくていい。直焼き、直炒めでOKって、なんてラク！

大木さん

トントン切るだけで和洋中にも、炒、煮、揚、蒸にもいろいろ使える！

時短やラクを追求しているときにめんどうなのは、皮むきという作業。なすなら、切るだけでそのまま調理できます。炒める、揚げる、煮る、蒸すと調理法も幅広く、煮びたし、トマトと炒めてパスタ、煮てラタトゥイユ、ひき肉と合わせて麻婆なすと、和洋中、どの方向とも相性がいいという意味でも便利野菜です。

食べ切りやすい小ぶりサイズのおかげで、残りをラップして冷蔵庫に戻すという、作業も不要でやっぱりラク！

「これ買い!」のラク&時短食材⑦

玉ねぎ

大木さん

隠し味やコク足しになり、輪切りソテーで副菜にも。保存性が高いからなにもないときの救世主

あいこさん

おいしくなるから、どんな料理にも入れちゃう。玉ねぎ×野菜×たんぱく質でメニューが決まる

玉ねぎは、いろいろな料理を下支えする大切な脇役。みじん切りが手間だから、〝めんどう食材〟との声も出ましたが、大きく切って焼くだけで肉料理のつけ合わせにもなり、輪切りで焼いておかかじょうゆをかければ、副菜にも。スライスして水にさらせば、魚料理の薬味やサラダのアクセントに。くし形に切って炒めものに加えれば、ボリュームアップにも貢献。なにより日もちするから気持ちが追われないのも魅力です。

「これ買い！」のラク&時短食材⑧

魚缶詰

即食べられ、料理の素材にもなる。切る必要もないなんて、やっぱり、うれしい

鯖缶をごはんにのせて、ごま油をたらり。ひとりランチの完成！

キムチと鯖缶をそうめんにのせてぶっかけ麺。定番のひとりランチ

パカッと缶を開ければ、そのまま食べられるのが魚缶のよいところ。汎用性が高いのは、塩やオイルだけで調味したもの。肉や魚介が冷蔵庫にない！　というときのお助け食材にもなります。

切ってあるので、当然包丁いらず。そのままごはんや麺にのせて、キムチや青ねぎ、青じそ、トマトなどを散らせば、なかなか立派な1品。

炒めてチャーハンやカレーに、大根や白菜と煮れば、滋味深い味わいの煮ものにも！

卵 「これ買い！」のラク＆時短食材⑨

安くて日もちし、たんぱく源になって、栄養バランスもよい。優秀な食材であるうえに切る必要もなく、火の通りも早い。究極のラク素材です。

朝ごはんやお昼のお弁当にはもちろん、夜にも活躍。かきたま汁にしたり、目玉焼きや半熟ゆで卵を丼ぶりやカレーにのせたり、ゆで卵にしてサラダに添えたり。あと少しボリュームを出したいというときに大活躍です。トマト卵炒めや、豚ニラたまなら、軽めの主菜にもなります。

「これ買い！」のラク&時短食材⑩

豆腐

宇高さん

ケースから出すだけ！ 冷蔵庫のものをいろいろのせてリセットしたい日のランチに。炭水化物がなくても満足

近藤さん

食べられるまでの手間も時間もかからないのに、良質なたんぱく質がとれる！

良質なたんぱく質がとれ、カルシウムや鉄が豊富。肉や魚同様に主役になれるチカラがあるうえ、切って出すだけでも一品として完成するのがなによりもラクポイントです。冷たいままでも、ちょっと温めても。ひき肉と合わせれば麻婆豆腐になりますし、豚バラで巻いてポン酢で焼くと、名もなき料理ですが、ごはんが進むことうけあい。鍋やみそ汁に入れてもおいしい。ルーティン食材リストのマストアイテムにぜひ、加えて。

「これ買い!」のラク&時短食材⑪

豚こま肉・豚切り落とし肉

すぐ火が通るから、なによりの時短。使い勝手いいのに、コスパもよし

大木さん

どんな野菜とも、どんな味つけとも相性よし。副菜や汁もののボリュームアップにも!

豚こまや切り落としはほどよく小さくて、あまり切る必要がないうえ、火の通りが早いのがなによりの利点。炒めものとの相性がいいのも、ラクさを高めてくれます。

野菜と重ねて酒蒸しにしたり、カレーに入れたり、下味をつけてギュッと握って揚げればから揚げにと、メイン料理にはもちろん、少量を野菜と煮合わせて副菜にボリュームをプラスするという手も。頻繁に登場するということは、ラク&時短の証なのです。

「これ買い！」のラク＆時短食材⑫

パラパラひき肉（冷凍）

近藤さん

使う量を自由に調整でき、使いやすい！
出汁代わりやコク出しに少量だけ使えます

ひき肉は消費期限が短くて、自分で冷凍するのにも不向きなので、日もちをさせにくい素材。でも、粒がパラパラになるように急速冷凍されているこのタイプは少量だけの解凍も簡単！

解凍すれば肉団子、餃子などに使えますが、なによりおすすめは、冷凍のまま炒めて使うこと。すぐ火が通るうえ、ほぐす必要もなし。スープの出汁や炒めもののアクセントにしたり、そぼろやひき肉オムレツなど、お弁当にも。

「これ買い！」のラク&時短食材⑬

じゃこ、しらす

切ったり味つけしたりしなくても、冷蔵庫から出すだけで、カルシウムたっぷりの魚介が食べられます。じゃこは比較的保存性が高いのもありがたく、冷凍のものでもすぐ解凍されるから、そのまま使えるのもラク素材たるゆえん。

ごはんに混ぜたり、サラダのトッピングにしたり。青菜やピーマン、かぶや大根の葉などと相性がいいので、いっしょに炒めれば栄養価の高い副菜や、ふりかけが完成。桜えびも同じように便利です。

「これ買い！」のラク&時短食材⑭

あさり、しじみ

近藤さん

どちらも欠かせないわが家のルーティン食材。冷凍なら、インスタント感覚でみそ汁に

大木さん

出汁いらずで、ほかの具も不要。最強のみそ汁食材

手間がかかる〝めんどう食材〟のようにも感じますが、すでに砂抜きされて販売されているものも多く、水にあさりを入れて火にかけるだけでうまみのしっかりある出汁が取れます。つまり出汁いらずなうえ、ほかの具材も不要。

冷凍品は冷凍のまま使えるのがラク！　鍋は必要ですが、インスタントみそ汁感覚の手間で、本日の汁ものが完成するので、うれしい限り。ガーリック炒めや酒蒸しは簡単だけど乙な1品です。

わたしが買わない「めんどう食材」

ラク&時短素材には助けられる一方、
下ごしらえがめんどうでなんだか手が伸びない食材もあります。
そんな食材は、無理して買わないようにすることも、ラク&時短につながります。
時間に余裕があるときだけの限定にしたり、旬のときだけ数回買うと考えれば、
その食材が特別な存在になり、めんどうな手間さえも楽しめるようになるはず。
買ってしまって、あと回しにしているうちに、ダメにしてしまうものがあるなら、
それは、あなたにとってのめんどう食材。忙しいときは買わないと割り切るのも手です。

じゃがいも

常備野菜といえば、の定番ですが、形がいびつなものも多く、皮をむくのが大変で、意外にめんどう食材です。あまり考えずにルーティン食材にし、いつも使い残しているなら、自分のうちなる声に耳を傾け、ときどきにするのもあり。皮むきがラクだからメークインを選ぶ、思い切って皮ごと使うなどして、めんどうを少し回避しても。

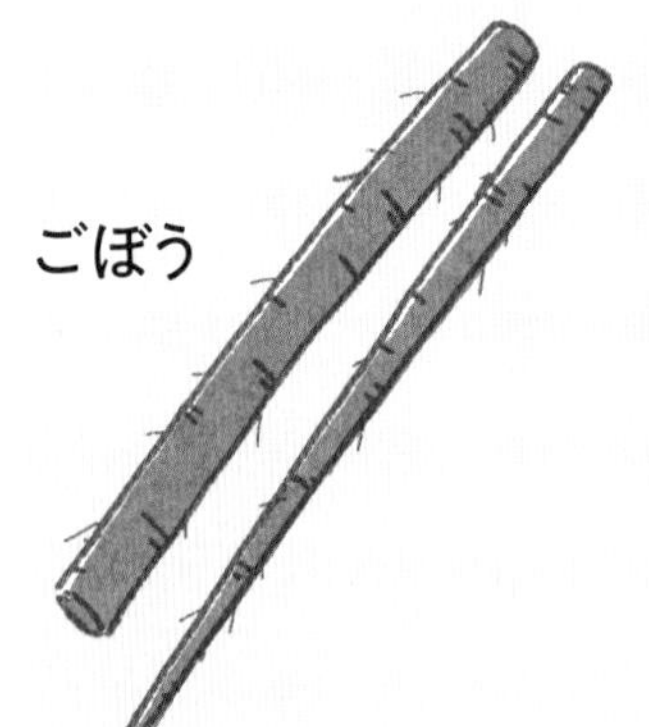

ごぼう

たわしを使って泥を洗い落としたり、皮をこそげたり。大きく切ると煮上がるまで時間がかかりますし、早く火を通したければ、ささがきやせん切りといった、手間のかかる下ごしらえが必要。切ったあとに酢水にさらすのも手間。なかなかのハードルの高さなので、冷凍のささがきごぼうで取り入れると割り切るのもあり？

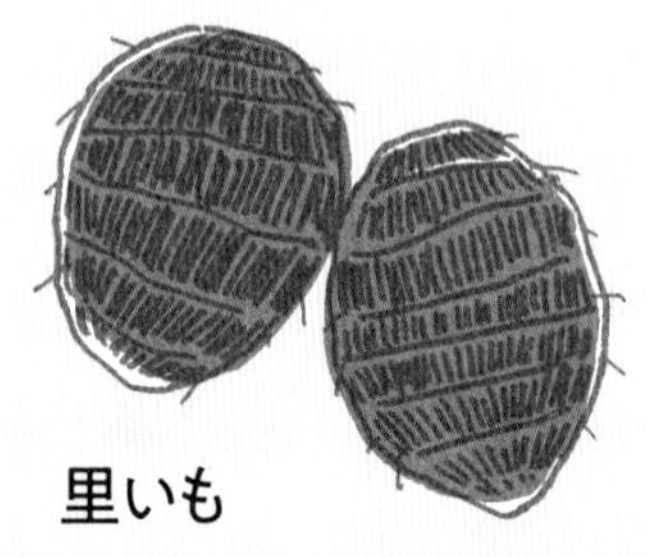

里いも

小さいものが多く、皮の性質状、ピーラーではうまく皮がむけない里いも。むいたあともぬめりを取るため、塩をつけて洗ったりと手間がかかります。泥つきを買ったら、さらにめんどう。おいしいから食べたいけれど、心に余裕のあるとき限定にするという声が出ました。すぐ使える状態で冷凍されているものを利用するのも一案です。

白菜

冬野菜の定番で日もちもするから、欠かさない人も多い野菜。でも、大きなまな板を出さないと切りにくいし、切るたび白菜の葉がポロポロと床に落ちる……。使い切れず、消費に追われることも。助かる側面もあるけれど、もしかしたら、めんどう野菜かも？　ときにはすでにカットされているものを使っても。

山いも・長いも

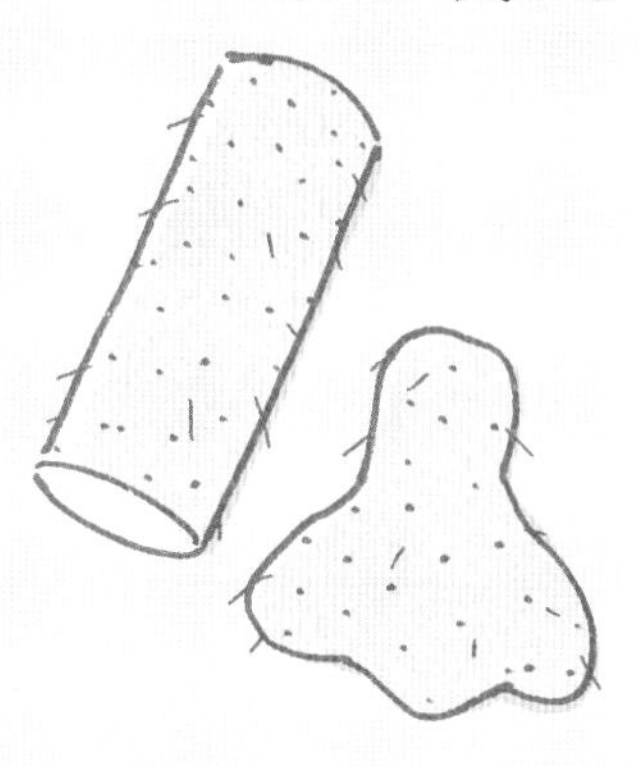

皮をむくと、つるつるすべる。おろしたり、せん切りしたりも、ぬめりのせいで、スムーズにはできない野菜です。しまいには手がかゆくなることも……。生協では、すりおろされた冷凍品が見つかるので、苦手だなと感じたら、無理せず、頼ってしまうのはいかが？　大きく切って煮るor焼くという使い方に限定するのもありです。

いか

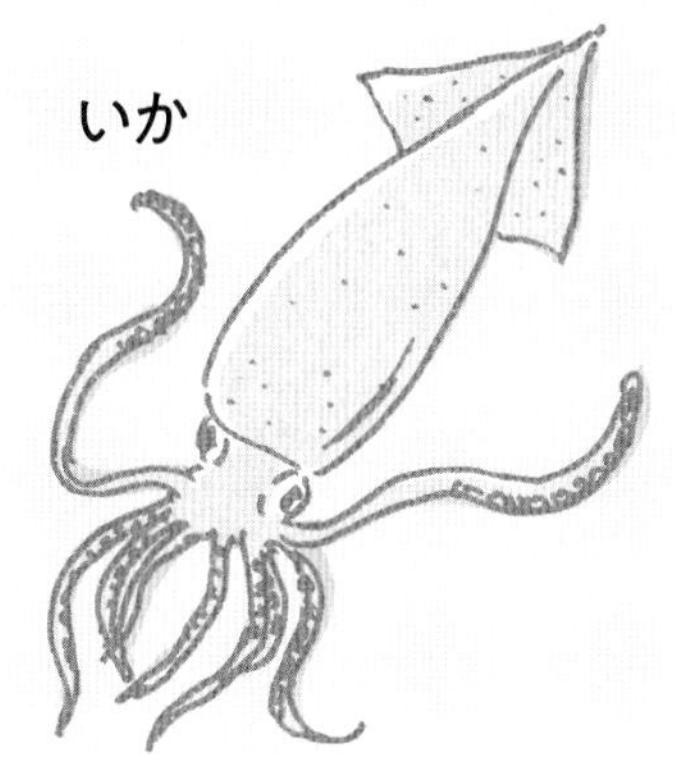

げそを引き抜いて、内蔵を切り落として、くちばしを取る。食べやすく切ろうとすると包丁がすべる……。皮をむくのはさらにハードル高し。ここは無理せず、冷凍のシーフードミックスや、お刺身でＯＫです。魚介売り場でじっといかを見つめ、トライするかしないかはもう考えない。そう決めちゃってもいいかもしれません。

骨ありの魚

丸ごと一尾の魚は、めんどう食材の代表。うろこを取る、おろす。それだけでもめんどうなのに、おろしたあとのごみの処理まで考えると……。丸ごと焼くだけの魚を選ぶか、魚屋でおろしてもらう形で大丈夫！　刺し身を買うだけだって、いいんです。もしくは、魚は夫担当と決め、うまくおだてて、魚上手になってもらっても。

はみ出しコラム②生協でもスーパーでも、近年急激に増えているミールキット。野菜を切らなくていい、計量しなくていい、自分で調味料をいくつも混ぜ合わせなくていいと、かなりラク。「外食よりはずっと安いし、毎日、自分の味ばかりではやっぱり飽きるので、週に一回頼っています。2人分用のキットに野菜を足して4人で食べるのがわが家流。コロナで外食できない時期に買ってみて、便利さに目覚めました！」（マキさん）

3章

まとめ買いでも食材がうまく回せるようになる、小さな〝下ごしらえ〟

ゆでておくだけでも、〝つくりおき〟！冷蔵庫スペースを節約でき、野菜がぐっと使いやすく

ちょこちょこ買いをやめ、まとめ買いをする食材を増やすと、野菜をいい状態で保存することが難しいという悩みが出てきます。冷蔵庫の容量にも限りがあるので、とくに葉野菜は、なるべく優先的に使う、もしくは、ゆでてしまうのがおすすめです。

マキさんは、生協から食材が届いた日、食材を冷蔵庫にしまう前に15分ほど時間を取って、まとめて下ごしらえをやってしまう派。「わが家は冷蔵庫が小さいこともあり、葉野菜を丸ごと、いい状態で収納できないのが理由です」。ここでのがんばりのおかげで、その後の1週間を快適に回せ、冷蔵庫の奥から、でろ〜んと溶けた野菜が見つかるなんてこともなくなります。

宇高さんは、ゆでるだけで食べられる野菜（ブロッコリーやスナップエンドウ、オクラなど）を毎週買うようにしていますが、これらはまとめてゆでておくのだそう。「私はマキさんとは違って、下ごしらえの時間をつくるのではなく、夕食準備のときにやります。その日の夕食用にゆでるときに、中途半端に生のまま残さず、まとめてゆでておく。そんな考え方で下ごしらえしておき、その後のごはんづくりをラクにしています」。

おすすめの下ごしらえ①

ゆでてさえあれば、つけ合わせにさっと出せ、サラダや炒めものにと万能なので、最初に使うときにまとめてゆでてしまうのが宇高さんの基本。下ごしらえほど構えずに実行できてラクです。中が見える容器に入れて使い忘れ防止。

ゆで野菜の保存には、イワキのガラス容器を利用しているマキさん。同じサイズのものをいくつか持っているので冷蔵庫で積み重ねやすく、いっきに省スペース。ガラスなので横から見たらなにが入っているかがすぐわかるのも便利です。

ついでに切っておくだけで、次回がぐっと使いやすく。めんどうな作業が半分に

近藤さん

キャベツや白菜は、丸ごとなら保存がききやすく、あると安心する野菜。近藤さんは、最初に使うときに次回の分まで切っておくという、〝ついでの下ごしらえ〟をよくするのだそう。全部まとめて切ってしまうと、保存性が悪くなるので、次回分くらいまでがちょうどよし。ちょっとだけ先を意識すると、食材を上手に回せるようになります。「どう使うかまでは決めないので、みそ汁や炒めものに使えるよう、ざく切りです」。

日もちしにくい青じそは専用の瓶に立てて保存し、長もちさせます

すぐにしなしなっと、残念な状態になってしまう青じそ。1週間以上、元気にもたせて使いたいから、瓶に少しだけ水を入れ、茎の元だけがつかるように保存している宇高さん。野菜室の底に埋もれてしまって見つからないなんてことにもならないので、使い忘れもありません。

青じそが立ち、かつ手を入れやすい広口瓶だと、出し入れもしやすくおすすめ。宇高さんは100円ショップで見つけた瓶を活用しています。

にんにく、しょうがは冷凍やしょうゆ漬けで、保存期間を伸ばし、使いやすく

にんにくもしょうがも、料理をおいしくするためには欠かせない素材。保存期間が長いようでいて、しょうがは白っぽいふんわりしたかびがはえたり、にんにくは芽が出てしまったり、なんてこともよくあります。

大木さんは、しょうがを最初に使うときに、ある程度まとめて皮ごと薄切りにし、保存袋に入れて冷凍するのを習慣にしています。薄切りになっていれば、必要な分だけ取り出して煮ものなどに使うのもラク。「すぐに解凍されるので、さらにせん切りにしてしょうが焼き、みじん切りにして餃子といろいろな料理に展開できます。基本的に加熱調理する料理に使っています」。

あいこさんは、しょうがはまとめてフードプロセッサーで細かくし、できるだけ薄くなるように平らに保存袋に入れて冷凍。必要な分だけをパキッと折って、カレー、麻婆豆腐、豚汁など、いろいろな料理に使います。「にんにくは薄切りにしてしょうゆ漬けが定番。炒めものやパスタに使ったり、カレーの隠し味にしたり。息子もよく使ってます。にんにくは薄皮をむいて粒のまま冷凍しておくのもいいですよ」。冷凍のままでも切ることができるので、さまざま形で使えて便利です。

おすすめの下ごしらえ④

しょうがは細かいみじん切りを手でするのは大変なので、最初にまとめてフードプロセッサーで。パキッと折って取り出しやすくなるので、できるだけ薄くなるよう伸ばして冷凍。

にんにくは薄切りにし、清潔な保存瓶に入れてしょうゆを注ぐだけ。翌日から使用可能です。

皮ごと薄切りにして水気をよくふいて冷凍。煮もの系、魚の煮つけなどには冷凍のまま加えます。数分おけば切れるので、さらにせん切り、みじん切りにと展開できます。イケアのフリーザーバッグを愛用中。

へたを取るだけ。ざくざく切るだけ。すぐ使えるようにしておくことが食材の回転をよくします

即食べられる完成品ではなく、下ごしらえ程度のつくりおきのほうが、圧倒的に多いというマキさん。「ミニトマトのへたを取って洗う、サニーレタスを洗って切る。そんなことをしておくだけで、自分を助けるつくりおきになります」。食材を使いそびれることも減り、うまく循環するように。ほかにはねぎを刻む、野菜を切って浅漬けの素に漬けるなどをしておくことも。

大木さんもミニトマトのへたをとって洗うだけを実践中。

セットになっている パッケージを外すことも、食材をうまく回すための下ごしらえ

あいこさん

「セットになっているものは、冷蔵庫や収納場所に入れる前に必ず、パッケージを外しています」とあいこさん。3〜4個がセットになっている納豆や、3個セットの豆腐などがその代表。箱入りアイスも、箱から出して冷凍庫へ。

外さずにしまうと、使うときに丸ごと冷蔵庫から出し、パッケージを外してから、再び使わない分を戻すという無駄な作業が発生。小さなことの積み重ねで、食材を上手に回せるようになります。

見た目を整えるためではなく、次回が使いやすくなるものだけを詰め替え

収納の内部まで、すっきり整って見せるために、調味料やスパイス、乾物まで、揃いの容器に詰め替える収納法があります。見栄えはよくなりますが、詰め替える手間は積み重なると大きいものですし、詰め替え容器に入らなかった残りを収納しておく場所の確保も必要です。

心地よい暮らし研究会のメンバーはどうしているかと聞くと、詰め替えをしているものはありますが、見栄えのためというより、次回以降が使いやすくなるものだけにしています。

宇高さんは、きなこ、白ごま、松山あげなど、もともとは袋入りだったものを中心に詰め替え。次回以降使いやすくなるうえ、透明容器に詰め替えると、残量がわかりやすくなるので、フードロスを生みません。

近藤さんの詰め替えは、スパゲティです。いつも5kgという大袋を買っているので、毎回その袋から取り出すのは大変。小分けにして保存袋に詰め替えるのが習慣です。

マキさんの詰め替えは、コーヒー豆。袋入りだったものを透明の保存袋に詰め替えますが、簡易ジッパーで開閉しやすくなり、残量も一目瞭然。香りが飛ばないよう冷凍庫で保存をしているので、管理がしやすくなります。

出汁パックも元の袋から出し、簡易ジッパーの保存袋へと詰め替え。元の袋より開閉がしやすく、毎回の使い勝手が上がります。

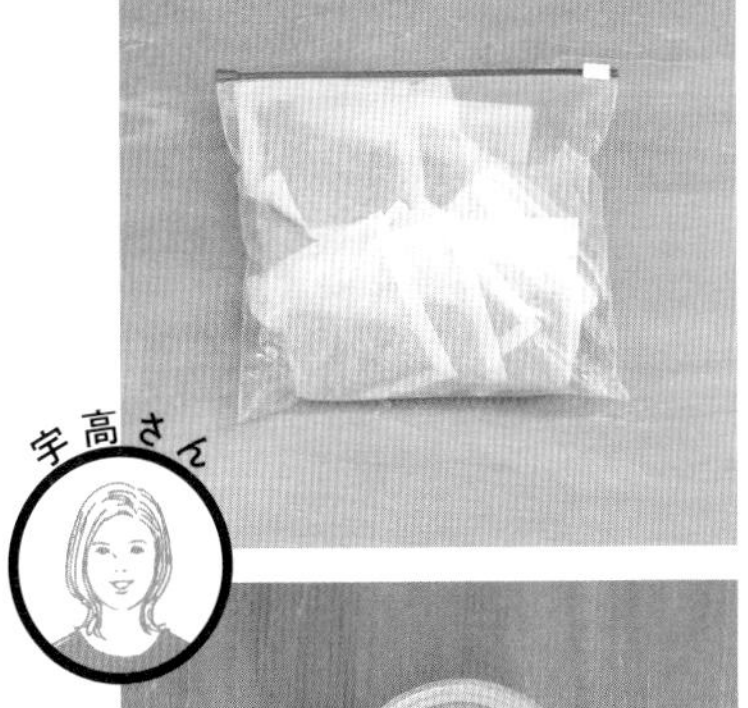

宇高さん

袋のまま管理するより、容器に入れたほうが使いやすいものだけ、詰め替え。白ごま、きなこ、松山あげなど、残量もわかりやすくて便利。

近藤さん

5 kgの大袋を開封したときに、家族4人が1回で食べ切る600 gずつを小分けにしておきます。次回以降が使いやすくなるので、これも立派な下ごしらえ。

マキさん

袋入りで購入しているコーヒー豆は、毎回、クリップや輪ゴムなどで封をするより、簡易ジッパーの保存袋へ移してしまったほうが使い勝手がよくなります。計量用のスプーンも同封しておけば、さらに使いやすく。

フードロス撃退メニューいろいろ

食べ切れないものを生まないようにどんなに意識して食材を管理していても、
やっぱり中途半端に残ってしまう食材が出てきてしまうもの。うまく組み合わせられず
よい感じのメニューにならないというシチュエーションはよくあります。
ぼんやりしているとフードロスまっしぐらなので、
そんなとき用にいろいろな食材を受け入れてくれる、
懐が深い、自分なりのフードロス撃退メニューがあると助けられます。

なんだかうまく組み合わせられない食材が残っていたら、私はキーマカレーをつくるのが定番。使いたい野菜や肉をとにかく刻みまくれば、カレー味がなんとかしてくれるんです。肉、玉ねぎ、にんにく、しょうがはマストで、細かく刻んだほかの野菜と炒め合わせ、水分少なめにしてカレールウでまとめるだけ！　ごぼう、れんこんなどの根菜、青梗菜や小松菜などの葉野菜、キャベツや白菜でも大丈夫。このキーマカレーの肉は牛ひき肉で、にんじん、れんこん、なす、ピーマン、そしてこんにゃくまで、入れちゃっています。

大木さん

〝名もなき〟キーマカレー

とにかく、なんでも刻みまくります！

オーブンで焼けば、残りものには見えない！

オーブンの天板にいろいろな素材を詰め込んで焼くという、〝ぎゅうぎゅう焼き〟。一時期はやったメニューですが、私は耐熱容器に詰め込んでつくっています。使いたい野菜を食べやすく切って並べて焼くだけ。火が通りにくそうな野菜は先にちょっとレンジ加熱しておくのがコツです。今日はベーコンを散らしましたが、かたまり肉の残りやソーセージを刻んで使うことも。最後にオリーブオイルと、生活クラブのスパイス&ガーリックソルトをふりかけ、200℃のオーブンで15分くらい焼けば完成です。わが家では、よく余らせてしまう根菜でつくることが多いですが、残ってしまったゆで野菜、キャベツ、トマト、かぶなどを加えてもOK。

トマト味がすべてを包み込んでくれます!

なんでも引き受けてくれるのは、カレーだけではなく、トマト味も同じ。だから半端に残った食材を一気に消費したいというとき、私はトマト味のスープにおまかせすることが多いです。オリーブオイルでにんにく、切った野菜、ベーコンを加えて炒め合わせ、トマト水煮を加えて煮込むだけ。ブロッコリーの芯も細かく刻んで入れちゃいます。

〝名もなき〟トマトスープ

〝名もなき〟万能カレー

汁もので、フードロス知らずに

近藤さん

みそ汁、すまし汁、コンソメ系の洋風スープと、味つけは残った食材に合わせて変えますが、基本的になんでも刻んで具だくさんの汁ものにすれば、食材が残ってだめにしてしまうことを防げます。豚ならみそで仕上げて豚汁、鶏なら塩、しょうゆで仕上げてけんちん汁、キャベツとにんじんなら洋風スープという具合です。今日は豚こま、玉ねぎ、大根、にんじん、じゃがいもをごま油で炒めて豚汁っぽく。このベースにうどんを加えてランチにも。

〝名もなき〟汁もの

カレーは万能。残りもの救済に活躍！

あいこさん

さつまいもや大根、キャベツなど、意外なものまで引き受けてくれるのでカレーは便利です。残りものがいろいろあるときも助けられますが、逆に何もないってときにも、いいんです。肉がなくても、ツナ缶、鯖缶などの缶詰でつくったり、野菜が少ないときは、干ししいたけを戻して加えたりと万能。

残ったおでんやラタトゥイユをカレーに変身させるのもおすすめ。最後に、しょうがとにんにくじょうゆで味をととのえるのがわが家流です。

はみ出しコラム③
"名もなき料理"を家族がいやがるときの対処法は?

「名前のある料理で家族が大好きなものはイベント化して楽しくつくればメリハリがついて、ほかの日に"名もなき料理"が気兼ねなく出せます。例えば餃子は、月に1回は必ず、家族みんなでつくっています」(宇高さん)。「"○○炒め　聖美風"と、自分の名前を冠したメニュー名を付けて伝えちゃってます」(大木さん)。

4章

みんなの買い物ルール、わたしの買い物ルール

2人暮らし仕様ともいえる狭いキッチンですが、毎日、家族のためのおいしい食事を生み出せているのは食材の買い方を変えたおかげ。

宅配生協に加入して食材の買い方を一新したから、ラク＆時短なのにおいしい食卓

マキさん

シンプルライフ研究家。不要なものは持たず、不要な家事はしないシンプルな暮らしを綴ったブログ「エコナセイカツ」主宰。中1、小3の娘、夫と4人暮らし。広告代理店勤務の会社員。『しない家事』(すばる舎)、『マキ流やめていい家事』(宝島社)など、累計発行部数は25万部超。講演、アパレルブランドとのコラボ、住宅プロデュースなどでも活躍。
https://www.handshakee.com/econaseikatsu

家事は苦手。料理もできるだけラクしたい。でも、おいしいものが大好きだし、体にいいものを食べたい&家族に食べさせたい。そんなふうに考えているマキさん。だから、シンプルな調理（つまりはラク）でもおいしくなるような、もともとが美味な質のいい食材を求めて、生協を利用するようになりました。

「素材がよければ、ただ焼く、ゆでる、炒めるだけでもおいしいんです。あの手この手で複雑なことをしなくてもよくなる。だから買い物を生協中心にシフトすることにしたんです」と、マキさん。

それから5年近く。買い物自体がラクになり、さらに料理にかける手間も減って時短になったのに、毎日おいしい！　と満足できる料理が食べられるようになっています。買い物を変えたことは暮らしを大きく変えてくれたと実感中です。

マキさんの住んでいる地域では、生協は少なくとも5団体から選べます。その中で、マキさんが加入したのは、生活クラブ。セレクトしている食材が、自分の

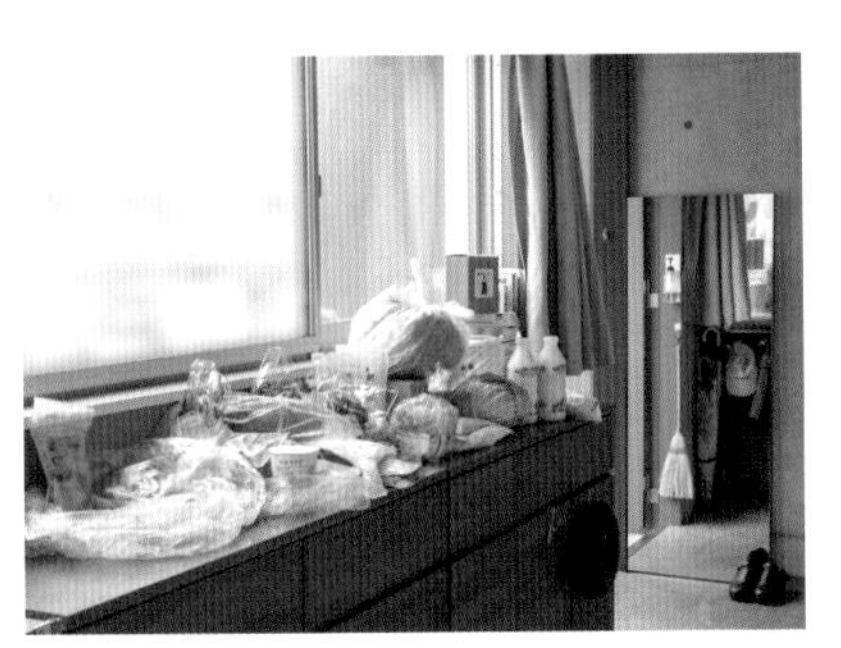

食材などが届いたら、まず玄関とキッチンの間に配置している棚の上に並べて仕分けを。使いやすい高さの棚やテーブルが、キッチンか玄関のそばにあると便利。

食品選びの基準に近いと感じたのが理由です。実際、始めてみたら、やっぱりおいしい！　と感じるものが多く、そのうえ、余計な添加物が入っていない、もしくは少なめで、シンプルな材料でつくられている安心なものばかり。だから、まず、食材を選ぶ手間と時間が激減しました。

スーパーを見て歩くのが趣味というマキさんですら、どれが自分のセレクト基準に合う食材かを見極めるために、買い物のたびにパッケージを読み込み、原材料をチェックしていたら大変。時間がいくらあっても足りません。一方、生活クラブなら自分に近い視点で確実なセレクトをしてくれているから、あとはそのときの食べたい！という気持ちに従って選んでいくだけ。なによりの時短になります。日々の食材の7割を生協でまかなう形にしているから、スーパーに出かけるときは気持ちに余裕があり、焦らずに買い物できることも大きなメリットです。

食品類は、まとめて持てるから配達時に入っている袋を使ってキッチンへ移動。かさばる野菜は、切る、ゆでるなどの下ごしらえをしてから冷蔵庫へ。

「エレベーターのない3階に引っ越しをしたのも、生協を始めた大きなきっかけです。当時は長女が小学生になったばかりで、次女もまだまだ小さい。そんな2人を連れて、保育園のお迎え帰りにスーパーに頻繁に行き、重い荷物を持ち、3階までの階段を登るというのは、かなりハードです」。個別宅配を利用しているので、家の玄関まで食材が運ばれてくることは、大きな時短になるだけでなく、体力を温存することもできます。いちばん混み合う時間帯のスーパーに行くこと自体のストレスからも開放され、子どもたちが欲しがるおやつを買う羽目になることもありません。「疲れないから、子どもたちとゆっくり向き合う余裕が生まれました」。

自分の価値基準に合う生協に加入する。このひとつの行動の変化だけで、たくさんの時短になったと感じているマキさん。「小さな工夫をしなくてよくなって、それも時間と心の余裕をくれていると思います」。

白菜やキャベツ、大根といった大型野菜は冷蔵庫に入らないので、新聞紙&ポリ袋でくるんでベランダで保存。寒い時期が旬の野菜は、夏には買わないのだとか。

ラクさ、多用途、デザインの3点に注目します

家事は苦手と公言するマキさんが、日用の消耗品を選ぶとき、目を向けるのはやっぱりラクかどうか。手をあまり動かさずに、ぐるっとかけておくだけできれいをキープできるトイレ洗剤が、その例です。

できるだけ多用途というのも選択基準のひとつ。キッチン用液体石けんは、原材料を見るとシンプルなものだったので、食器洗いと手洗い、両方兼ねることにしストック管理をラクにしています。

「じつは、いちばん注目しているのは、わずらわしいデザインではないということ」というように、そのまま使ってもいいデザイン、もしくはラベルを取ったらシンプルになるものを選ぶようにもしています。

日用品をよく買う場所
生活クラブ…50％　近所のドラッグストア…30％
無印良品…10％　楽天&ロハコ…10％

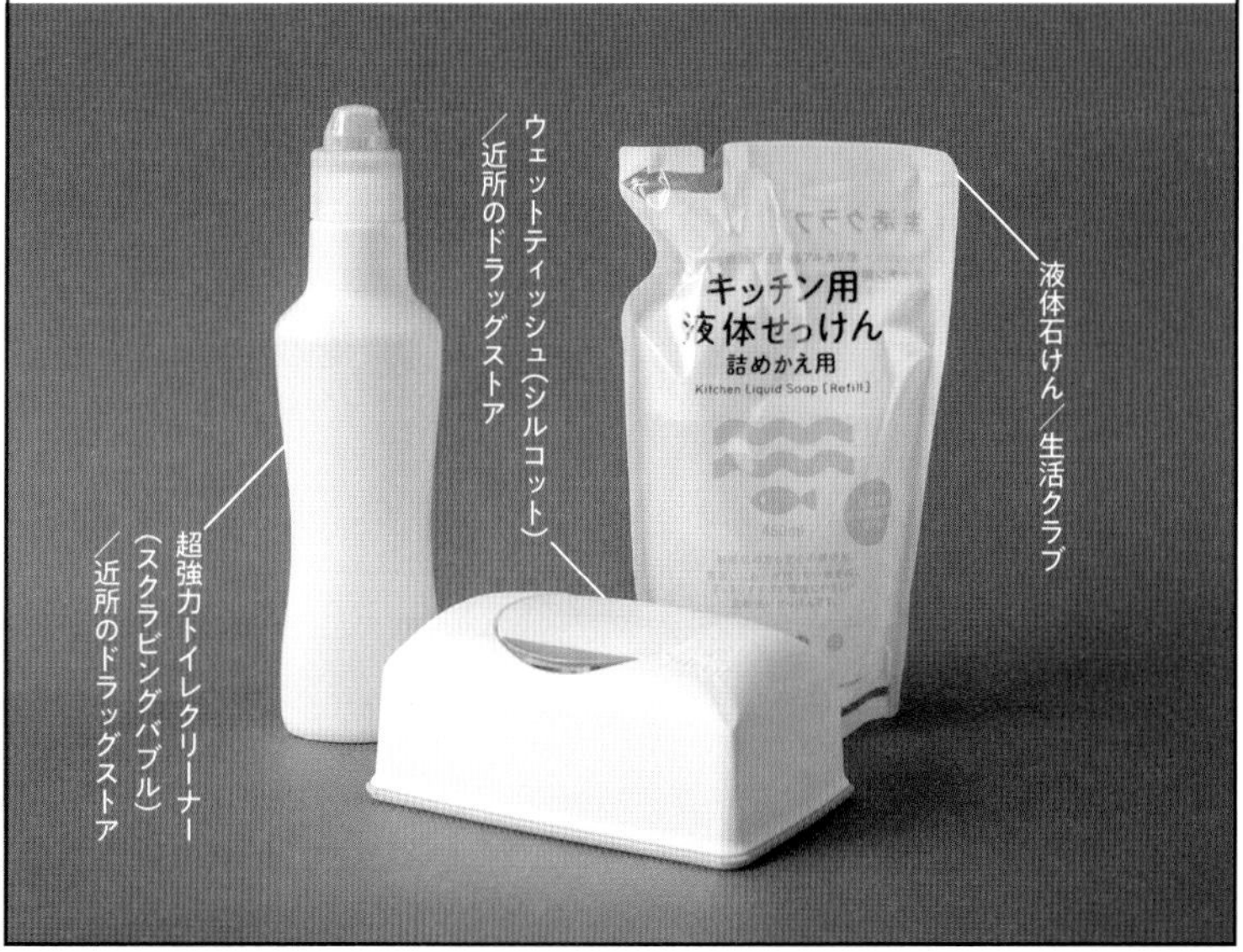

液体石けん／生活クラブ

ウェットティッシュ（シルコット）／近所のドラッグストア

超強力トイレクリーナー（スクラビングバブル）／近所のドラッグストア

クローズドタイプのキッチンは注文設計で家を建てたときにフルオーダーしたもの。さすが考え抜かれた収納計画で、使い勝手よし。

こまめな買い物は時間を取られる。〝毎回考える〟という家事も増える。だからまとめ買いに集約！

宇高有香さん

収納暮らしコンサルタント。「ウチカラ」主宰。中１の息子、小４の娘、夫と４人暮らし。ライフオーガナイザーとして８年間でのべ500件以上の個人宅の片づけを指南。ライフオーガナイザー協会の最優秀賞の受賞経験あり。新築設計時の収納コンサルも数多く手がける。セミナー講師としても活躍し、ＴＶ、雑誌等メディア露出も多数。著書に「子どもと暮らすラクに片づく部屋づくり」（辰巳出版）。
https://uchikara.net/

「結婚当初に住んでいた家の近所に、スーパーや商店街がまったくないうえ、ずっとフルタイムの会社員だったというのもあって、当時から、どうしたら食材の買い物がラクなるかを考えていました」と振り返る宇高さん。そして、週末に1週間分の食材をまとめ買いするのが、自分にとってはいちばんラクで、全体で時短になるという結論に至ったのだそう。以来15年、週1のスーパーでのまとめ買いが宇高家のルーティンになりました。

今はフリーランスとなり、時間配分が自分である程度できますが、引き続きまとめ買い派。1週間に1回だけぐっと集中して必要なものを買い、ほかの日は買い物については考えない。そんなサイクルが宇高さんの性格に合っていたようです。「長年のルーティンとして暮らしに根づいていたというのもあります」。

生協の食材は畳めるバッグと保冷バッグに入れてもらっているので、バッグごと冷蔵庫近くまで一気に運び、仕分けをしながら、キッチンに収めていきます。

ところが、2年ほど前、新たに生協に加入し、スーパーでのまとめ買いは全体の6割まで減らすことに。「子どもたちが大きくなって食べる量が増え、週末のまとめ買いでは徐々に回らなくなってきたのが理由のひとつ。また、私がこだわりたいのは、野菜と肉、それぞれの質とおいしさ。そして、基本の調味料はできるだけ迷いたくない。どれも生活クラブの得意分野なので、そこをアシストしてもらおうとも考えたのです」。

カタログを見ながらのほうが気持ちが上がるから、カタログを広げてスマホで注文。ネット注文なら注文履歴が送られてくるので、注文した食材の確認もラク。

生協から食材が届くのは、スーパーでの買い出しの3日後の、少し冷蔵庫に空きができてきたころ。サイクルとしてちょうどいいので、スーパーがメインで、生協がサブという使い分けもしやすく、長年の週1買い出しのルーティンの中にスムーズに生協が入ってきてくれました。おかげで、スーパーに行くのは1回のままで、満足いく質と量の食材を労力を増やさず入手できる状況になっています。

長年、まとめ買い中心で宇高さんが家族の食卓をうまく回してこられたのは、〝今、ある食材で料理をつくる〟というワザを身につけてきたから。現在に至っては、夕ごはんの準備を開始する直前、冷蔵庫を開けるまで一切献立については考えないのだそう。「最初のころは、家にある食材をキーワードにしてネット検索していました。でも、それを繰り返すうち、なにも見ないでも食材からメニューを決められるようになりました」。迷ったら、メインは野菜いろいろと肉を炒め合わせるなどの炒めものを軸に考えます。マンネリ化しそうに思えますが、素材の組み合わせや切り方を変え、味つけも和洋中と回していけば、別の料理が完成。野菜もたっぷり食べられ、手抜き感もマンネリ感もなく、家族みんなが満足できる食卓になります。メニューを先に決めて食材を買いに行くと、どうしても買い物が複雑になり、食材が余ったり、足りなくなったりするものです。今ある食材でメニューを決める。このスキルを磨くことが、まとめ買いを成功させ、ひいては買い物自体と料理づくりをラクにします。

キッチンは自分の使いやすさを考えて一からオーダーしてつくったので、決して広くはないながら使い勝手は抜群。コンロ脇の棚には、油、麺やパスタを収納。

日用品選びも合理的にして自分をラクに

インテリア好きが高じて注文住宅を建てた宇高さん。デザインだけでなく、動線も収納も合理的にこだわりました。もの選びも同様です。消耗品も労力を増やしすぎない範囲で、デザインや使い勝手を吟味しています。

例えば、ティッシュ。インテリアを邪魔しない真っ白のものを選択して、ケースに入れるという手間を削減。トイレットペーパーは通常の12ロールが8ロールになっているものを。ペーパー交換の頻度が下げられ、収納もコンパクトです。酸素系漂白剤は除菌漂白、上履きのつけおき、浴室の床の浸し漬け掃除など、多用途。交換の頻度を下げたり、洗剤を多数持って管理する手間を手放したり、もの選びで自分をラクにしています。

日用品をよく買う場所
イトーヨーカドー…40%　アマゾン&ロハコ…40%
生活クラブ…10%　近所のドラッグストア…10%

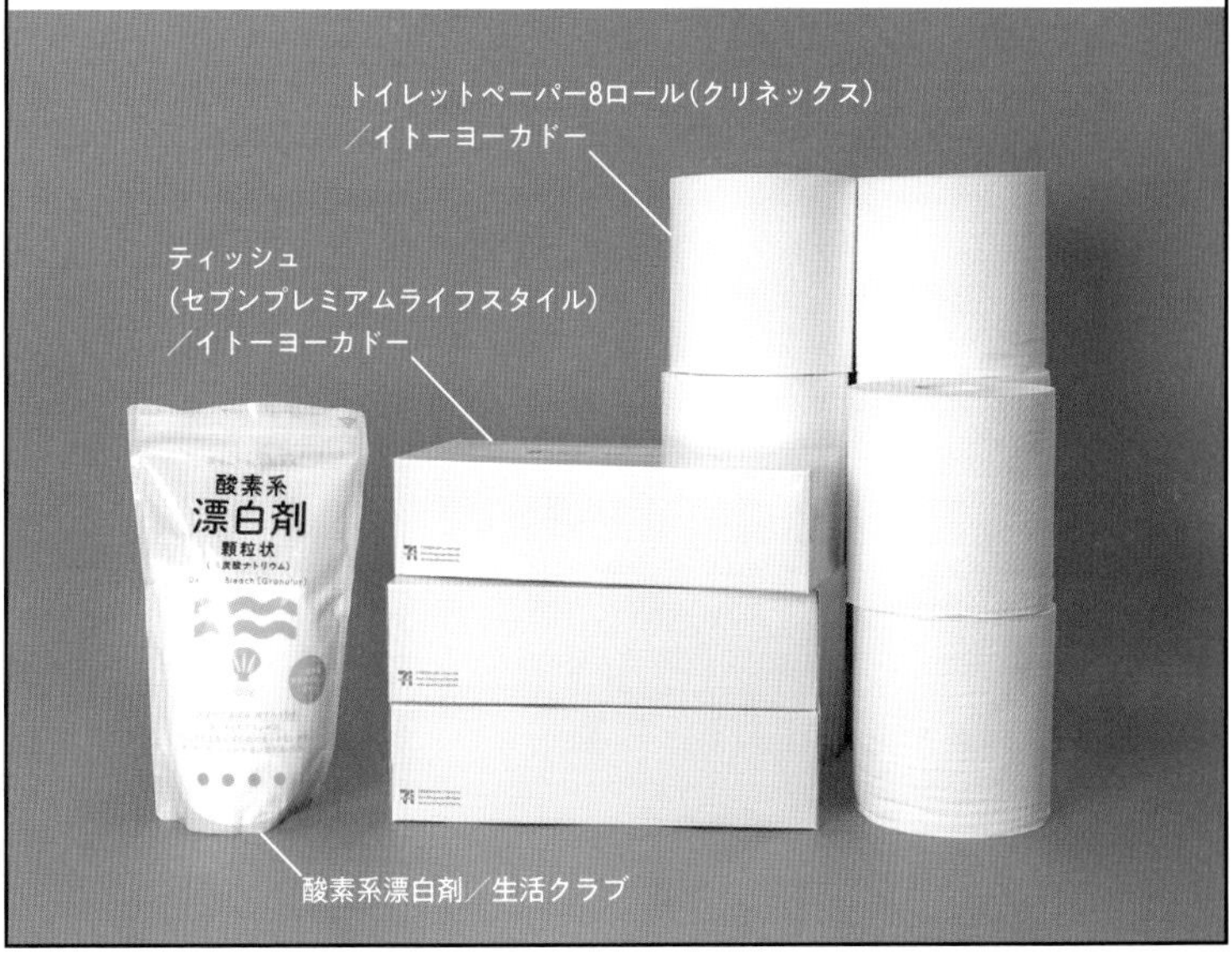

トイレットペーパー8ロール（クリネックス）／イトーヨーカドー

ティッシュ（セブンプレミアムライフスタイル）／イトーヨーカドー

酸素系漂白剤／生活クラブ

生協の特徴に合わせて2社利用。だから、食こだわりを貫ける。生協なしでは、もう回せません

近藤こうこさん

ブログ「暮らしの美活」主宰。中1、中3の息子、夫の4人暮らし。整理収納の専門家として幅広く活動し、200件以上の個人コンサル、大手企業への企画アドバイス、講師業、執筆業、雑誌掲載など実績も多数。ライフオーガナイザー1級、クローゼットオーガナイザー、整理収納アドバイザー1級、骨格スタイルアドバイザー1級、社会保険労務士、日本舞踊名取など15個以上の資格も。
http://b-organize.jimdo.com/

生協カタログを見るのは月1回だけ。その週以外はルーティン食材が確実に届くよう確認する程度。その仕組みで注文が劇的にラクに。

家族みんな、食べること、おいしいものが大好きという近藤さん宅。〝食〟は楽しみである一方、夫妻ともに大きく体調を崩した経験もあり、健康な体をキープするため、優先度を高く意識すべきことだとも考えています。栄養へのこだわり比重も人一倍高めな印象です。健康や栄養に関わる本もたくさん読み、より体にいいものをと、日々の買い物に気をつかっています。

選ぶ野菜は、できるだけ有機・無農薬・減農薬のもの。肉、魚介は、スーパーを使い分けて買っているほどの熱心さです。そのうえ食べざかりの中学生男子2人のためのお弁当づくりが毎日。生協2社を併用しつつ、さらにスーパーなどの買い出しに週に2〜3回は行くそうですから、食材の量の多さと、質へのこだわりが伝わってきます。

買い物のメインにしているのが、有機無農薬野菜が得意な、東都生活協同組合（東都生協）。そして、コープデリも併用。前者では野菜、調味料や加工品系を、

ついつい増えてしまう缶詰などのローリングストックは、キッチンの引き出しに入るだけなどと上限を決めておけば増えすぎることなく、管理がしやすくなります。

後者では乳製品など、毎日食べたり飲んだりしている、ナショナルブランドのものを中心に購入しています。

「食材の7割は生協で買います。スーパーにもよく行きますが、メインとなる肉か魚介、そして足りないものを買い足す程度なので、1回1回の負担は少ないですよ。『今日はなにがおいしそうかな』くらいの気軽さで選べて気持ちもラクですし、重い荷物を抱えて帰る必要もありません」

じゃがいも、玉ねぎ、にんじんなど常温で保存する野菜と、フルーツはキッチンの隅に2段のバスケットを置いて定位置を確保しています。

信頼できる野菜や、毎日食べている必需品が、毎週、自宅玄関に届く安心感は大きく、買い物の負担は激減。子どもが大きくなり、食べる量が増えるにつれ、生協で7割の食材をまかなえるありがたさをより実感しているようです。理想に近い食生活を仕事もしながらキープするために、近藤さんにとって生協2社は欠かせないインフラとなっているのです。

あちこちで買っていると、食材の管理が難しくなりますが、生協では、基本ルーティンで食材を買うことで、煩雑にならないようにしています。「生協で買う野菜はほぼ固定です。そうすると冷蔵庫にある野菜が頭の中で把握しやすくなるんです」。おかげで、「今週はあれ届くかな?」「来週の注文に入れたかしら?」などと、スーパーで迷うことなく買い物ができるというわけです。

「私は仕組みづくりが好きで、思いつきで買うよりルールを決めたほうが、自分がラクなんです。ある程度ルーティン食材が決まっていると、毎回の買い物のたびに一から考えなくてよくてラクですし、献立も考えやすく、メリットが大きいと思います」

栄養価が高いこと、子どもがちゃんと食べること、自分にとっての使いやすさ。この3つの条件をクリアしたものが、近藤さん宅のルーティン食材に。そんな食材が、なにも考えずに自動的に家に届く仕組みをつくっておくことは、食への思いが強く、かつ大量に買う必要がある人には大きな助けになるようです。

キッチンは独立タイプ。オープンキッチンよりも収納がしっかり確保されているので、食品ストックや食器なども、ほぼここに収納できました。

エコと便利さ、両方のバランスで選びます

自分が使っていて心地いいもの、体にやさしいものという視点を大切に、日用品を選ぶ近藤さん。「エコやサステナブルなことも意識していますが、毎日使うものだから買いやすさなど、便利さとのバランスも大切」。いろいろ試した結果、多くの人に評価されている、大手や老舗メーカーのものはやっぱりいいと感じることも増えているそうです。

洗濯洗剤と柔軟剤は、植物生まれで無添加のもの。買いやすさ&使いやすさのバランスがよくてリピート中です。浴室洗剤は体質的にむせる商品が多い中、無印良品で大丈夫な洗剤を発見しました。東都生協で買うごみ袋は、箱のまま棚にぴったり収まるサイズで取り出しやすいのが魅力で気に入っています。

日用品をよく買う場所

アマゾン…80%　近所のドラッグストア…10%

無印良品…5%　東都生協…5%

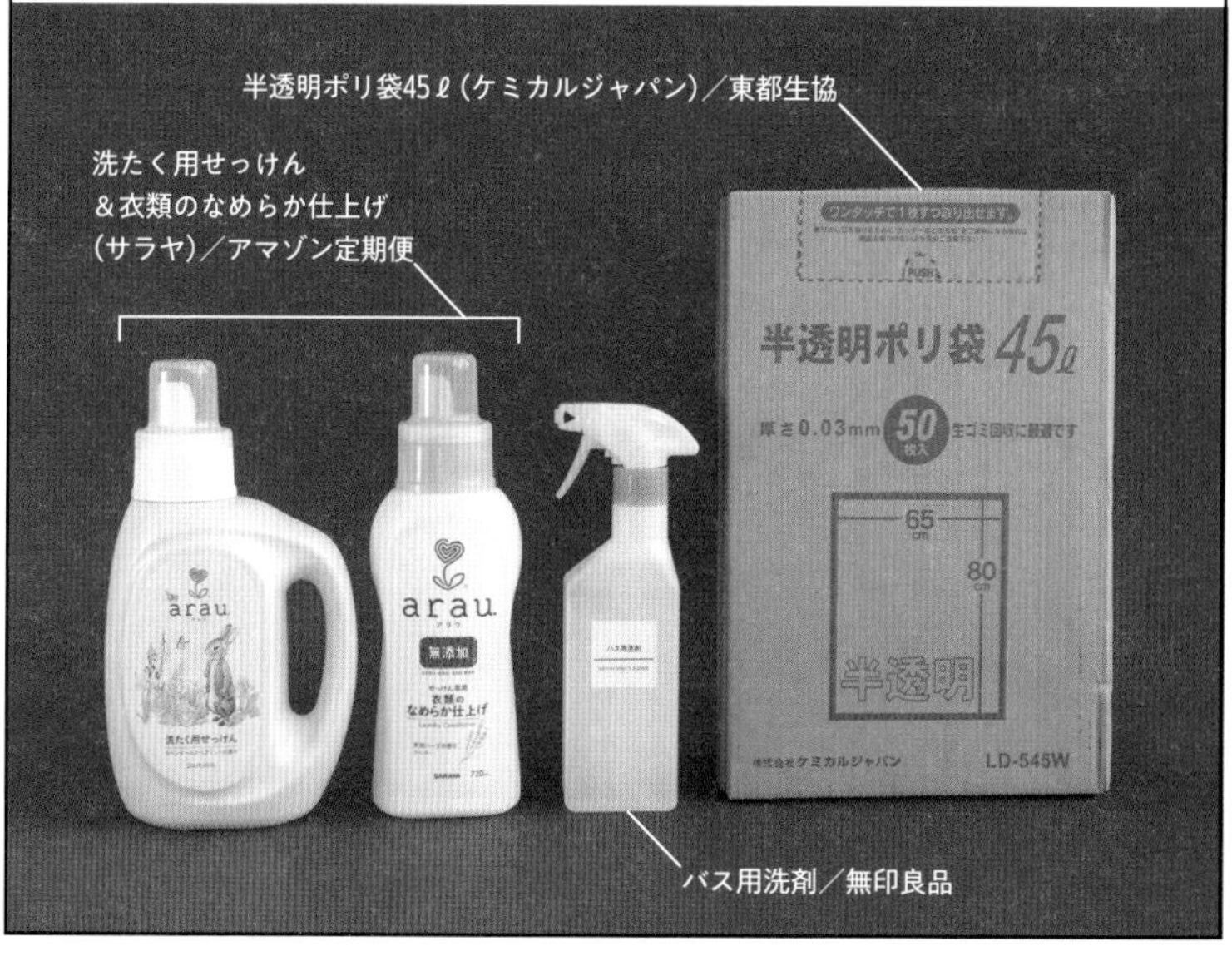
半透明ポリ袋45ℓ（ケミカルジャパン）／東都生協
洗たく用せっけん
&衣類のなめらか仕上げ
（サラヤ）／アマゾン定期便
バス用洗剤／無印良品
arau.
無添加
半透明ポリ袋45ℓ
半透明
LD-545W

あえての、ちょこちょこ買い。でも、生協のおかげで持ち帰る&選ぶ負担が激減

大木聖美さん

暮らし評論家。ブログ「我が道ライフ」主宰。大1、高2の息子、夫の4人暮らし。「暮らしをラクに・楽しく・サステナブルに」をコンセプトに活動している整理収納アドバイザー。片づけ、掃除、生前整理、防災備蓄など、セミナーはのべ200回以上。間取り提案や収納コンサルティングを手がけ、全国の工務店とともに暮らしやすい家づくりを提案。雑誌など掲載多数。
http://wagamichilife.jp

2階にあるキッチンは対面式。驚きは冷蔵庫。インテリアに合う素敵デザインながら、4人暮らしとは思えない小さめサイズ。

家のそばには昔ながらのよき商店街があり、日々の買い物に便利。そこでの買い物自体を楽しんでいて、ちょこちょこと買い物することをあまり苦には思っていない大木さん。子どもたちが乳幼児のころは、生協を利用していたこともありますが、10年ほどは2~3日に1回、スーパーと商店街に出かけて、全食材を調達する買い物スタイルでした。

でも、2年ほど前に、再び生協に加入。子どもは男子2人で、長らく食べざかり。「毎回かなりの物量になってきて重くて負担になっていました。大変な思いをして持ち帰っているのに、あっという間に冷蔵庫が空っぽに……」と振り返ります。食材の買い物は、掃除、洗濯、料理に比べてあまり話題にならない家事ですが、じつはなかなかの体力仕事。頻繁に出かけて買うということが楽しめる人でも、量が増えれば大きな負担に感じてしまう家事なのです。

「私はちょこちょこ買いでずっと食卓を回してきたので、週に1回の生協で買う

常温品はコンテナごと受け取り、そのまま納戸やキッチンへ移動。翌週にコンテナを返却する流れなので、中に回収してもらうものを保管しておきます。

のはどれくらい量が適正なのか、近所の店とどう使い分けたらいいのか、試行錯誤でした。慣れるまでは、だいたい2か月くらいかかったと思います」。いろいろ試した結果、主菜に使う肉や魚介は、生協ではほぼ買わないことに決めました。量が大木さん宅に合わないこと、好きなときに2～3日分ずつ買うほうが気楽なこと、より新鮮な状態で食べられるおいしいものが家の近所で手に入ることなどが理由です。でも、それ以外、野菜やフルーツ、加工品、調味料、そして米などは生協頼み。今では半分以上は生協から届く食材でまかなうようになったので、買いに出かけて自分で持ち帰るものの量は激減。なにより調味料や米など、重いものをまかせているので、体力的にもぐっとラクになっています。買い物に出る回数は同じですが、1回の量はかなり少なくなったので、時短でもあり、あれこれ買わねばという心の負担もなくなりました。

「生活クラブの食品の選択基準は、私がいつも行く

常温で保存したい玉ねぎやフルーツは玄関横のシューズクローゼットにかごを置き、定位置にしています。いわゆる冷暗所なので、食品保存にぴったりです。

スーパーよりも厳格。信頼できるので、細かく原材料のチェックをする必要がなくなり、店頭で選んでいたときに比べ、比較検討の時間がかなり短縮できていると感じます」と大木さん。

もしかしたら食費が上がるかもと危惧していましたが、10年以上前に生協を利用していたときより、市場価格との差はあまりないと感じているそう。「なによりいいのは、余計なものを買わなくなったこと。スーパーでふらふらしていると、予定にないものをぽろぽろ買ってしまっていたんですよね。そういう無駄がなくなりました。ネット注文を利用していると手元に履歴が残るので、いつでも買ったものを確認でき、だぶり買いもしなくなります。自分の好みや必要な食材量をふかんして把握できるのも、無駄を生まず、よい循環をつくってくれています。だから、食費全体で考えるとぜんぜん高くなっていないんですよ」。

生協を取り入れた買い物法に、大いに満足している様子です。

紙カタログを見ながらのほうが注文しやすいので、アナログ＆デジタル併用。ネット注文は合計金額がつねに表示されるので、家計管理がしやすくなります。

日用品選びのこと

気軽さは、日用品選びに欠かせない視点

大木さんの日用の消耗品選びのポイントは、気軽さ、性能のよさ、そして用途が多いこと。「さらに、自然にやさしいことも、できるだけ意識したいと思っています」。とはいえストイックに考えているのではなく、気軽さや性能とのバランスをはかりながら、自分の暮らしに合うものをセレクトしています。

ほこり取りは、気楽に掃除ができるようになる必需品。いつも使いやすい場所にスタンバイさせています。アルコールはグッドデザインなおかげで出しっぱなしOK。キッチンでも安心して掃除に使え、窓やガラステーブルの掃除にも活用。漂白剤は柔道着の洗濯、鍋のこげ落とし、洗濯機掃除、スプレーにして床掃除などと、多用途なのがポイントです。

日用品をよく買う場所

生活クラブ…50％　近所のドラッグストア…30％

楽天＆ロハコ…20％

酸素系漂白剤／生活クラブ

使い捨てほこり取り
（ウェーブハンディ）／ロハコ

アルコール
（ジェームズマーティン）
／楽天

暮らしの真ん中にあるのが食。大切にしたいからこそ、ラク&時短になる買い物術を実践

中山あいこさん

週5日フルタイムで働く会社員。ブログ「生活のメモ」ではシンプルで心地のよい暮らしの家事アイデアを綴っている。高1の息子、年長の娘を育てるシングルマザー。著書に『ためこまない暮らし』(MdN)、『家事がラクになるシンプルな暮らし』(エクスナレッジ) など。工務店とのコラボ分譲住宅やアパレルとのコラボ商品も手がける。メディア出演多数。セミナー講師としても活躍。http://seikatsunomemo.com/

壁づけキッチンはオープンタイプ。すぐにダイニングテーブルなので、冷蔵庫の奥に棚を設置し、収納力アップしています。

おやつやパンを手づくりしたり、みそや梅干し、梅シロップなど季節の食しごとを楽しんだりしているあいこさん。小さなころから、そんな母親を見てきたからか、高校生になった長男は、数年前から料理に目覚め、今ではあいこさんに代わって夜ごはんをつくってくれることがよくあるほど。進学先も料理について学べる高校を選びました。

というわけで、〝食べること〟は、あいこさん宅の暮らしの真ん中にある、優先順位の高いこと。できるだけ有機無農薬野菜を選ぶように意識していたり、調味料や加工品も原材料を細かくチェックしながらできるだけ余計なものが入っていないものを選んだり、意識高く買い物をしている印象です。「私も、子どもたちも、チェーン店のハンバーガーを食べたことがほぼなくて。私の親がそうだったから、自分も自然にそうなっていました」と、あいこさん。

子どものころから生協食材メインで育ち、長男出産のタイミングで自分自身も

生協の食材が届いたら、まずダイニングテーブルの上に広げ、パッケージから出すべきものは出し、冷蔵庫やストック品を収納する棚へと収めていきます。

生協に加入。以来15年ほど、加入先は変えながらも途絶えず利用し続け、今はパルシステムを愛用中です。「アプリが使いやすいのと、注文時に原材料まですべて細かくチェックができるので、届いてから残念ということもなくて、私に合っていると思っています」。とはいえ、全食材を生協でまかなおうとは無理しておらず、とくに鮮度を重視したい野菜やフルーツは3～4日分を生協で買い、なくなったら近所で買い足すという感じで利用しています。

あいこさんの注文の仕方でおもしろいのが、ルーティン食材をほぼ自動的に届くように設定していること。その週にプラスしたいものをちょっとだけ追加すれば、選んで注文という作業のほとんどを割愛できる状態です。「毎回同じことをするルーティン作業が苦手で忘れがちなので、できるだけ〝自動で〟届くシステムにしたいと思っています」。野菜も自分では選ばず、おまかせ有機野菜セットが毎回届くように設定。その季節の旬の野菜がセットされ

デザインが気に入るものを求めて、かなり大きめの冷蔵庫を導入したので、中はすかすか。でも、入っているものが一目瞭然なので、使い忘れを防げます。

ているため、おいしくて、少しだけお得。そのうえ、野菜をひとつひとつ選ぶという家事を手放せるので時短&ラクです。

「息子が小さかったころは〝1週間を3000円で乗り切るレシピ〟みたいな雑誌の特集でよく勉強していました。当時は節約のためだったんですが、やっていくうち、〝メニュー名のある料理をつくらないこと〟が、家にある食材で食卓を回すコツだって、気づいたんです」とあいこさん。

たんぱく質と野菜を組み合わせて、いくつかある自分の得意パターンの味つけを選んで、味をととのえる。それを続けていれば、組み合わせはいくらでも広がるので、マンネリとも無縁と感じています。このときに身につけた、〝名のある料理〟にこだわらない柔軟な考え方のおかげで、家にある食材を無駄なく使えるようになりました。だからあいこさん宅の食卓は、時短&ラクでありつつフードロスも生まず、豊かにスムーズに回っていくのです。

常温で保存するフルーツは、冷蔵庫横の棚を定位置にしています。場所が決まっていると残量の把握がしやすく、買い足しのタイミングも逃しません。

日用品選びのこと

いくつもの理由がいえるような、もの選び

どの消耗品も、合理的なもの選びをしているあいこさん。例えばトイレットペーパーは、1ロールが一般的なものの5倍の長さに相当するので、交換の手間が激減。芯がないからごみが出ず、再生紙使用だから環境にもやさしい。コンパクトだからまとめ買いしても場所を取らず、災害時も安心という具合。

洗剤は洗濯、食器洗い、掃除（キッチン、浴室、トイレ）に使える多用途のもの。歯ブラシはシンプルな色を自分で選んで揃いで買えること、ヘッド小さめで磨きやすいことが選択理由。「自分は白、息子はグレーにしています」。買うサイクルが把握できているものは、アマゾン定期便を利用して自動的に届くようにし、注文の手間も減らしています。

日用品をよく買う場所

アマゾン&楽天…70%　パルシステム…10%

近所のドラッグストア…10%　無印良品…10%

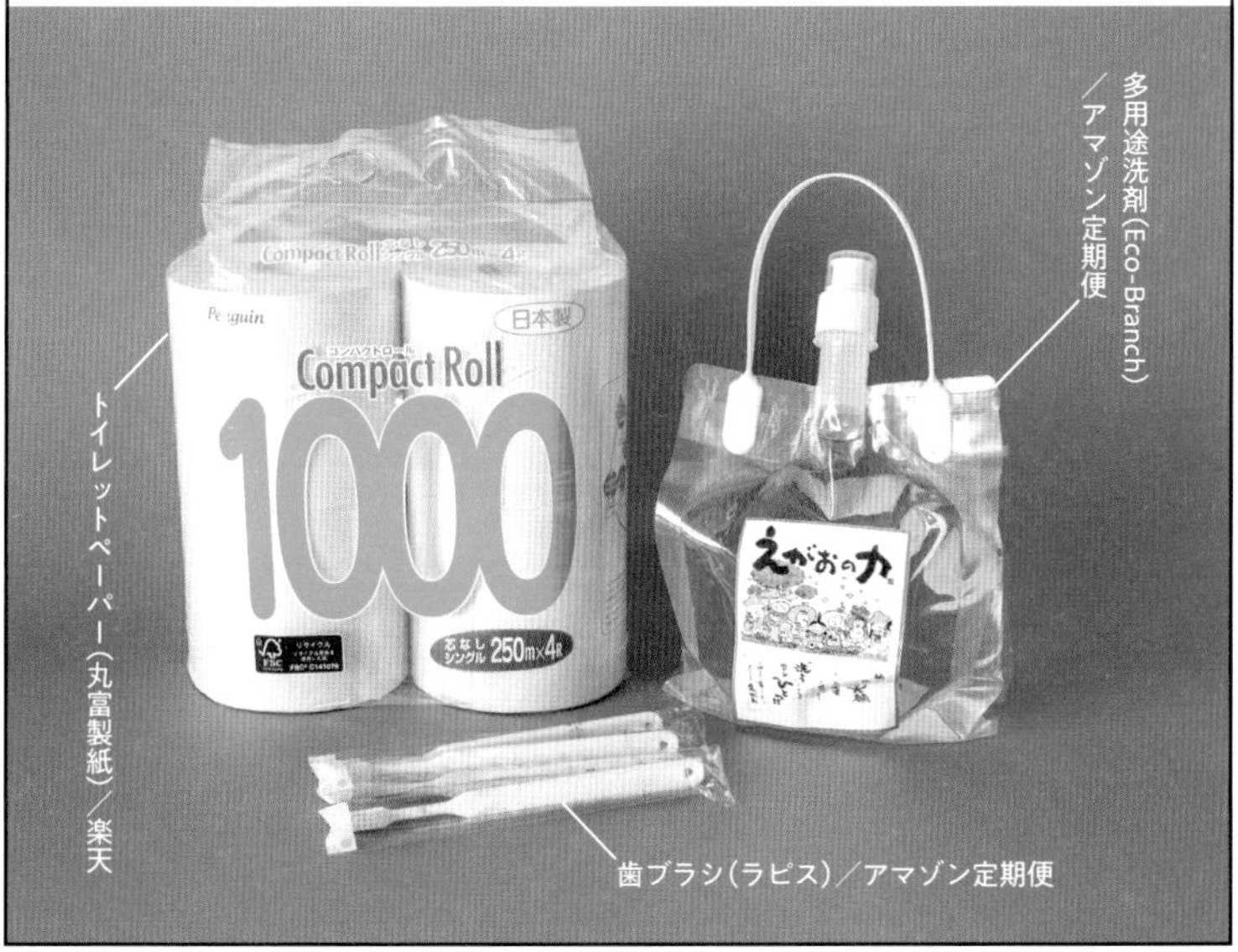

多用途洗剤(Eco-Branch)／アマゾン定期便

トイレットペーパー(丸富製紙)／楽天

歯ブラシ(ラピス)／アマゾン定期便

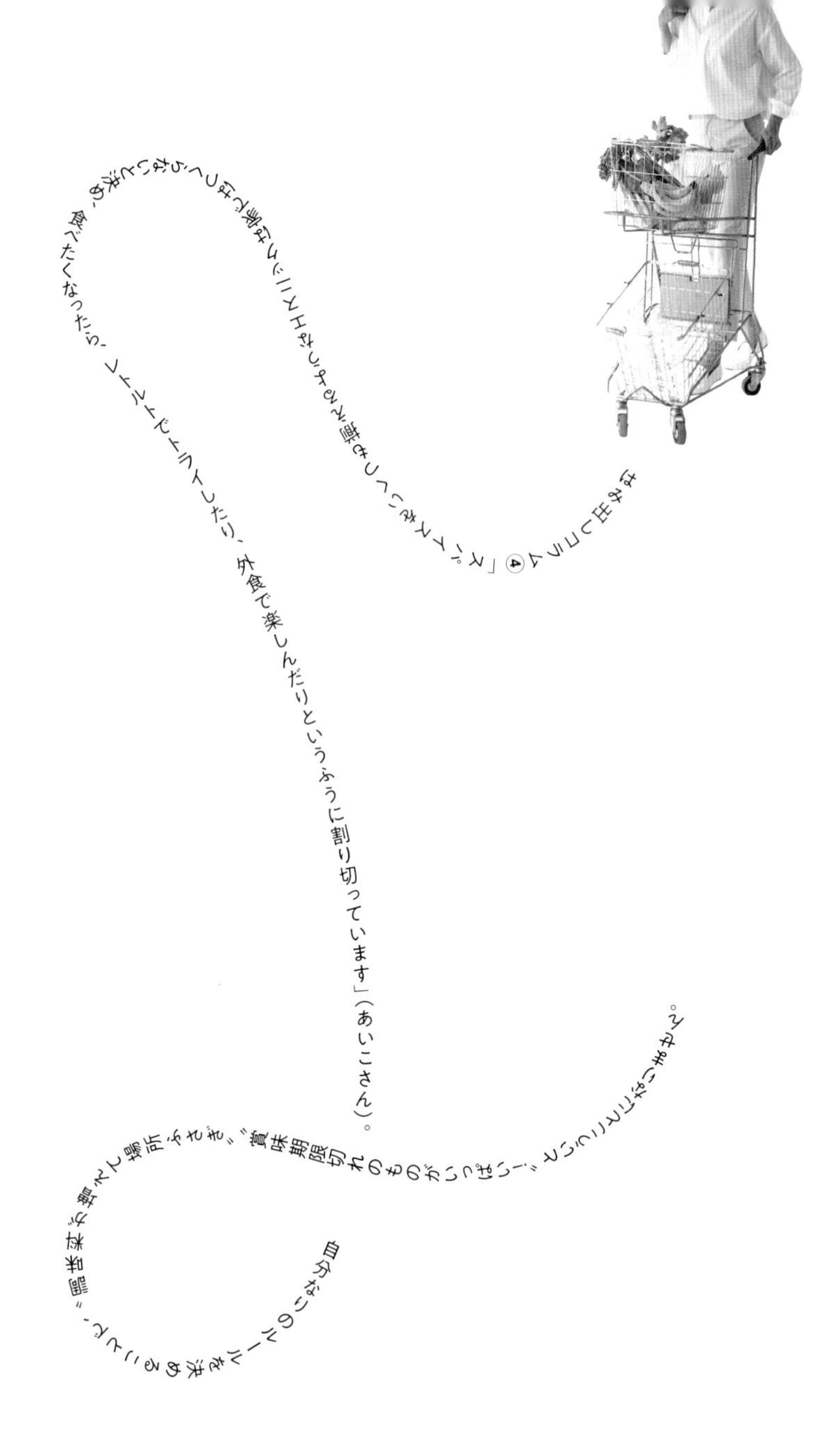
はみ出しコラム④
「スパイスをいくつも揃えるようなエスニックは家ではつくらないと決め、食べたくなったら、レトルトでトライしたり、外食で楽しんだりというふうに割り切っています」(あいこさん)。
自分なりのルールを決めることで、"調味料が増えて場所ふさぎ""賞味期限切れのものがいっぱい"ということになりません。

5章

買い物をラクにする、プチアイデア

食材の買い出しを、大変！→ワクワク！に変える

マキさん

「じつは買い物という家事を、今以上にラクにしたいとは思ってないんです」とマキさん。

宅配生協を利用することで、〝スーパーから重いものを運ぶ〟といういちばん大変な部分を手放せ、買い物の楽しい部分だけが残った状態。カタログを見て、食べたいものを選ぶのはワクワクする時間だから、ここを時短したいとは思わないのだそう。

「子どもを連れて、食材を大量に買ってレジに並んで、家まで運んで、何時までにごはんをつくらねば……。こういう切迫感がなければ、スーパーへ行くのはレジャーみたいで、毎回、発見があってワクワクします。生協に加入したこと、ただその1点だけで、私の買い物はすごくラクになっていると思います」。

〝安いから買う〟をやめると、不要なものが家に入りません

大木さん

今ほど、共働きが当たり前ではなかったころ、少しでも節約しようと食材の底値を求めて、スーパーをはしごするなんて話もよく聞かれました。それがよい主婦という呪縛があるのか、単純に安いと心惹かれるのか、特売を見かけるとつい手が伸びてしまうという人も多いはず。

大木さんは、安いという基準では買わないことを心がけています。「そのとき必要なものが特売になっていればうれしいし、それはもちろん買います！　でも予定していなかったものを買うとほかの食材とのやりくりがうまくいかず、結局無駄にしてしまうことも」。不要なものを買う＝無駄づかい。イレギュラーな買い物をしないことが、結局、節約です。

毎食、動物性たんぱく質を とることにこだわらなくていい

あいこさん

晩ごはんのために、メインとなる肉か魚を必ずひとつ用意して、つど使い切るという買い方は食材の管理がしやすく、献立を決めるのがラクになります。でも、あいこさんは割安になる徳用の冷凍肉を毎回買って何回かに配分して食べることが多いそう。次の生協までに主菜となる食材がなくなってしまうということもたまにありますが、そんなときにはすぐに買い足しに走るのではなく、あるもので、なにかできないか考えます。「ツナや鯖の缶詰でカレーをつくるのが定番です。でも必ずしも動物性たんぱく質を食べなきゃ！　って思ってないんです。野菜やのりの天ぷら、じゃがいもや大根フライなど、揚げ物にしてボリュームを出せば、おいしくて満足。豆腐や納豆も活躍します」。

決まりごとをつくると 献立決めと買い物がラクになる

近藤さん

ガチガチに制約の多いルールは自分の首をしめるけれど、ある程度の決まりごとはあったほうが、暮らしを回しやすくなると考えている近藤さん。

例えば、スーパーと生協の使い分け。野菜や乳製品は生協で、肉、魚などのたんぱく質はスーパーでと、それぞれの長所や自分の動きやすさに合わせて決まりごとのようにしています。

さらに、たんぱく質の種類と数を決めておくこともルール。まとめ買いはしていなくても、平日の5日間は豚、鶏、牛肉は各1種、魚は2種を基本にしているので、買うときに迷いが減り、時短になります。また、その食材からつくりやすい主菜を決めて献立を組み立てていくから、自然にバランスよく多種を食べられ、バリエーションも生まれます。

スーパーに行く曜日を決めて、ほかの日は買い物を忘れる

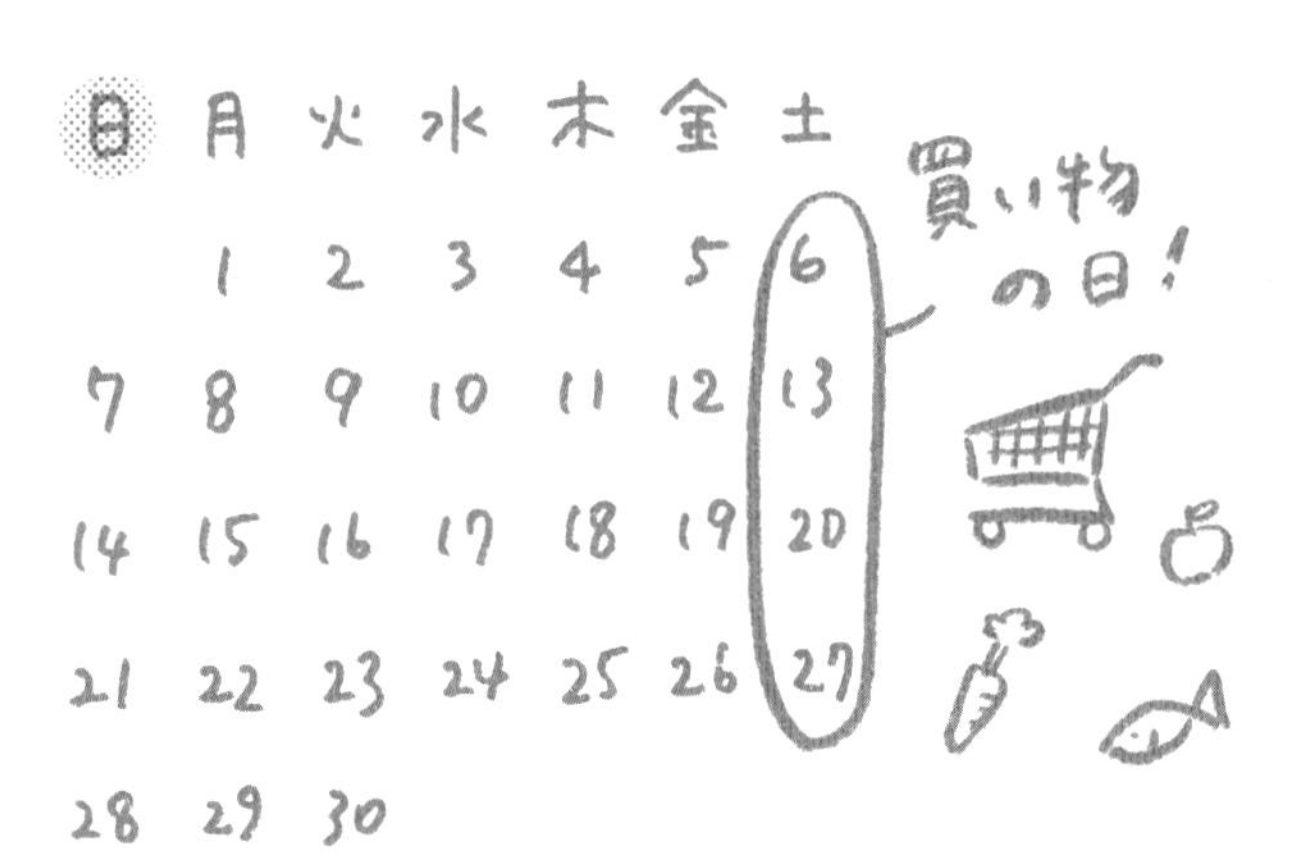

宇高さん

「今日は買い物どうしようかな?」「あれを買っておいたほうがいいかな?」毎日ごはんをつくる人は、気がつけば冷蔵庫にあるものを思い浮かべ、ついつい、買うべきものをシミュレーションしてしまうもの。これこそが、〝名もなき家事〟です。食事のことを考えてしまうと、仕事をしていても集中力を欠いてしまうものですし、なんだか気持ちがいつも休まりません。

もともと週末にスーパーでまとめ買いをし、その日以外は買い物について考えないようにしていた宇高さん。スーパーに行く日だけしか食材のことは考えないようにして、頭のメモリを空けておくのを習慣化。見えない家事がひとつ、減らせます。

少しだけのラップ保存はせず、毎回丸ごと使い切る作戦

大木さん

レシピを見ていると登場する、玉ねぎ1/2個など、中途半端に食材を使うという指示。大木さんはレシピを検索する派ではありますが、「家にあるものに合わせて、柔軟に考えるようにしていて、中途半端な分量が書かれていても全量使ってしまいますよ」と、レシピの表示には目をつぶることも多いのだそう。レシピはあくまでもヒントをくれる存在と割り切っています。

「残したら、ラップをかけて冷蔵庫にしまうという手間が発生。その後、使い忘れたらフードロスになりますし、ラップは環境にやさしくないですよね」。少し残すくらいなら、料理に入れてしまうという考え方は、食材の管理もラクにしてくれます。

食材かぶりやだぶつきは、レシピ開拓のチャンスと考える

到着日の1週間前に食材を頼んでおかなければいけないのが、生協の難しいところ。前の週の食材が思ったよりもたくさん残ってしまって同じ食材がだぶつき、「使い切れなくて焦る〜」なんていう悩みも、1週間単位で考えなければいけない生協ではよく勃発します。スーパーでのまとめ買いを習慣にしている人でも、先週の残りを忘れ、似たような状況になることはあるはず。

「私はそういうときは、いつもと違うレシピにトライするチャンスと思うようにしています」とマキさん。ふだんはレシピを見ずに料理する派ですが、食材がだぶつくときは、その食材を大量に消費できそうなレシピを探すのだそう。新たなおいしさに出会う機会と考えれば、買いすぎも、もう怖くありません。

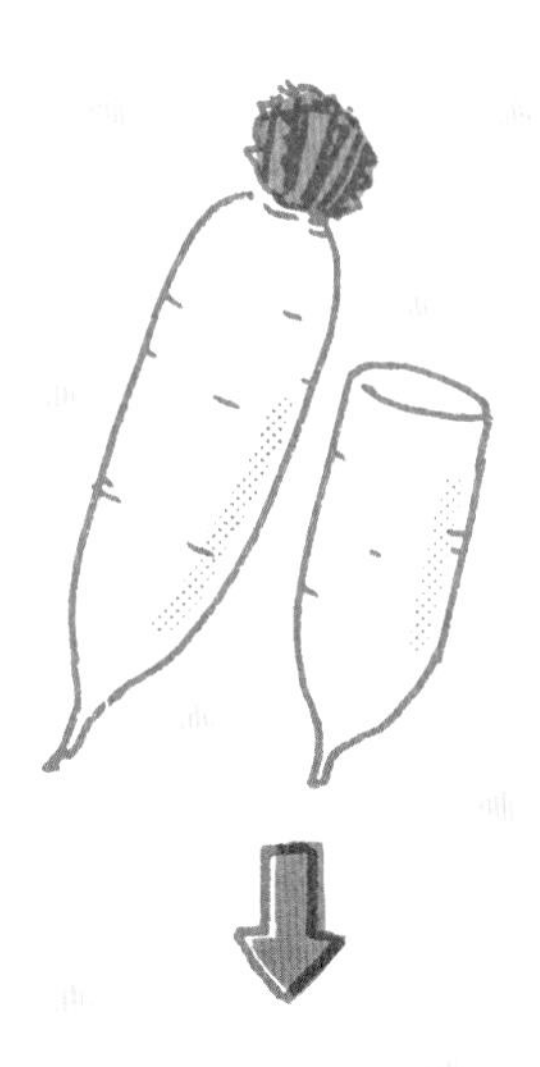

〝ラクごはんの日〟を決めると、買い物自体の負担が減る

毎食、毎晩、理想の献立を目指すのは大変なこと。宇高さんは〝ワンプレートや丼ものの日〟を決めることで、日々の献立づくりの重荷から、少しだけ自分を解放するようしています。
「うちは、夫が仕事で外食する日がラクごはんの日。料理や後片づけがラクになるのはもちろん、買い物をラクにすることにもつながります」。

自家製簡単ミートソースをごはんにのせ、チーズ、トマトを散らしてタコライス風、鶏肉となすを甘辛く炒めて照り焼き丼、鶏ひき肉をナンプラーで炒めてガパオ風……。キャベツやレタスなど、ほぼ必ず家にあるものを添えれば完成。週に1回でも、〝あるものでつくるラク晩ごはんの日〟を決めておくと食材をうまく回せ、買い物回数も減らせます。

使い切りたいものをまとめて冷蔵庫から出して、調理にかかる

あいこさん

「今日はあれとこれを使い切りたいからこんな献立にしよう！」。そんなふうに先に使っておきたい食材や、鮮度の落ちやすい食材からメニューを組み立てていくというあいこさん。これを確実に遂行するためにするようにしているのは、調理に取りかかる前に、使う予定の食材を全部テーブルに出してしまうこと。そうしておけば、食材が必要になるたび冷蔵庫を開けて探すという手間がかかりませんし、料理をしているうち、使う予定だった野菜を使い忘れた！　ということもなくなります。

「息子がつくる日も、これ、今日使っちゃってと出しておくようにしています」。

外食の頻度を決め、わが家のルールとしてしまう

近藤さん

平日はしっかり理想の献立をつくっている近藤さん。一方、週末は家族で外食したり、惣菜を買ったりして自分を休ませています。「家族で遊びに出かけたあとに、ごはんをつくるのがストレスになってしまったのがきっかけです。家事には終わりがないから、『この日はつくらない』などと、メリハリを自分で決めることは、家事をがんばるためには必要なことだと思っています」。

外の仕事には休みがあるのだから、料理をつくることに休みがあっても問題なし。わが家はそういうルールと決めれば、罪悪感もありません。それは外食でもお惣菜でもＯＫ。管理すべき食材も減らせ、１週間を乗り切りやすくなります。

ローリングストックいろいろ

ふだん食べる品を多めにストックし、食べた分をまた補充していく。
これを繰り返して、一定数の食品が家に備蓄されている状態をキープすることを
ローリングストックといい、新しい備蓄の考え方です。
なじみの食材を食べて回転（ローリング）させつつ、備蓄（ストック）するから、
賞味期限切れになりにくく、災害時に食べ方がわからないということも防げます。
食べ慣れた味は、不安が続く日々に安心を届けてくれるはず。みんなのストックをご紹介。

2重に家族を助けてくれる存在です

カレーやハヤシ、魚の煮ものなどのレトルトは、時間がないときや疲れているときのおかずとして、シンプル味の缶詰は、家にあまり生鮮食材がないときの素材として活躍しています。ふだんのわが家の食卓を助けてくれるおいしいものが、災害時にも役に立ってくれるのは、2重にありがたいなと思っています。ふだんから大好きな豆乳や甘酒は、災害時には栄養面からサポートしてくれそうです。松山あげは、手軽に使えておいしいうえ、保存性も高いので、いつも備蓄しています。

家で1週間過ごすと思ってストックを

災害時は、避難所で長時間過ごすより、可能な限り〝在宅避難〟という形で自宅で過ごしたいと考えています。だから電気、ガス、水道が止まっても、家で1週間過ごせることを念頭にローリングストックをしています。定番の缶詰や麺もありますが、ドライフルーツやナッツは栄養価が高いのであると安心。おやつのアイスもローリングストックです。停電時でも、冷凍庫が満杯なら、1週間は無理でもしばらくは保冷が続きますし、好きな味のものがあれば、災害時にほっとするはずです。

水は本当に大切！

1日1人あたり飲料水は2～3ℓ必要といわれます。4人家族×7日で56～84ℓで、2ℓのペットボトルが28～42本分です。写真とは別に、必要な分量の水がつねに自宅にあるよう、全員しっかりストックしています。

＊ここでは、カセットコンロがあり、ガスボンベと水がしっかり備蓄されている前提で、在宅避難になった場合に役立つ食品をローリングストックとしてご紹介しています。

大木さん

心の安定につながるから、しっかり備えます

水や備蓄食品を1階と2階、どちらにも置いてリスクを分散したり、量もかなり多めだったり。日ごろの備えが安心につながるから備蓄への意識は高めです。ローリングストックは、缶詰、レトルト、炭水化物系など、まんべんなく、いつもの味を揃えることを意識。米もつねに30kgは家に在庫するようにしています。お菓子もローリングストックのひとつ。どれも一定量がつねに在庫できるよう、食べたら買うではなく、食べる前に補充する気持ちで、なくならないようにしています。

ローリングストックと災害備蓄は混ぜません

日々食べているもので、保存性の高い食品をちょっとだけ多めを意識して買い、切らさないようにしています。写真にあるレトルト系、缶詰、インスタントラーメンなどが中心です。ふだんも食べるので、キッチンの吊り戸棚の中の使いやすいゾーンに収納場所を確保(81ページ参照)。一方、5年など、長期保存がきくような、本格的な災害用非常食は、ローリングストックとは別に準備。そちらは日々の生活には不要なので、吊り戸棚の最上段を定位置とし、混ざらないようにしています。

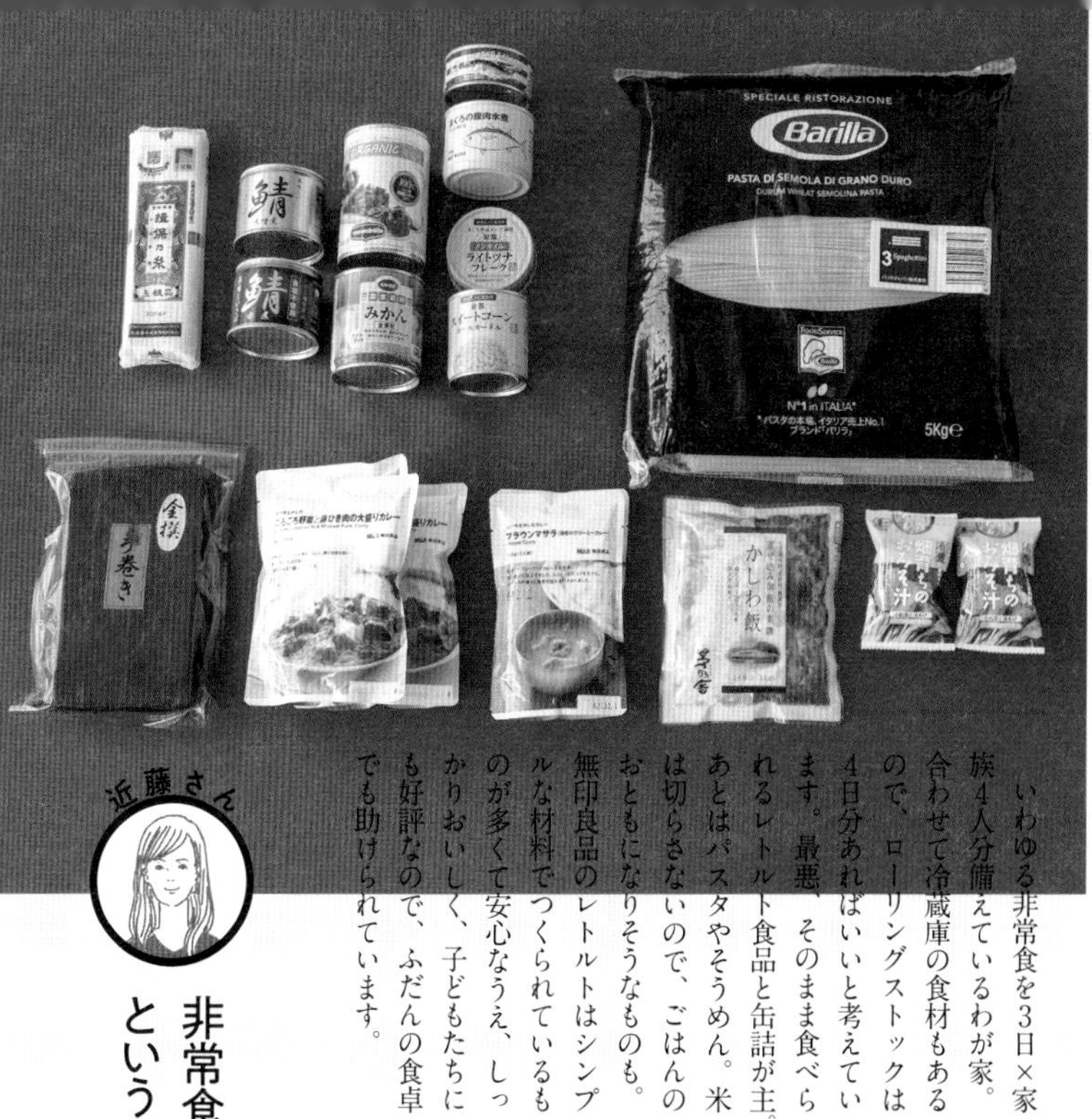

近藤さん

非常食3日分+ローリングストック4日分という考え方

いわゆる非常食を3日×家族4人分備えているわが家。合わせて冷蔵庫の食材もあるので、ローリングストックは4日分あればいいと考えています。最悪、そのまま食べられるレトルト食品と缶詰が主。あとはパスタやそうめん。米は切らさないので、ごはんのおともになりそうなものも。無印良品のレトルトはシンプルな材料でつくられているものが多くて安心なうえ、しっかりおいしく、子どもたちにも好評なので、ふだんの食卓でも助けられています。

愛用のエコバッグいろいろ

以前から暮らしの中に定着してきていたアイテムですが、
レジ袋が有料化され、ますます注目が集まっているエコバッグ。
買い物に出るときには欠かさず、持って出たいものですし、
突然の買い物をすることになったとき用に、バッグにも忍ばせておきたいもの。
5人の愛用品と合わせて、その収納場所についても聞きました。

近藤さん

家族も持てるシンプルデザインをセレクト

持ち歩き用にはマキさんにすすめられたシュパットを(上)。両端をひっぱるとさっと帯状になるのは、思った以上に快適です。自宅に置くエコバッグ(下)は、夫や中学生の息子たちが使うことも多いので、男性が持っても違和感のないデザインで大きめのものを選びました。玄関の靴棚内のフックを定位置としているので、出かけるときに持ち出しやすくなっています。

マキさん

畳む手間を手放せるエコバッグ発見!

いつも持ち歩くサコッシュにエコバッグを入れています。愛用しているのは、シュパットのもの。両端をひっぱるだけで一気に帯状になり、畳む労力が大幅にカットされています。気に入りすぎて心地いい暮らし研究会のみんなにすすめてしまったほど。バッグにコンパクトに収まり、ドロップ型は縦長なので、持ったときもすっきり見えます。

宇高さん

レジかご用エコバッグを2個愛用！

スーパーへは車移動するので、レジかごにセットできるエコバッグをトランクに。スーパーに着いたら、かご2つをカートにのせ、冷蔵と常温を分けながら商品を選んでいきます。レジでは、移し替える側のかごにエコバッグをセット。店員さんが商品を入れてくれるので袋詰めいらずです。自動的に冷蔵と常温品の仕分けも終了している状態にもなり、時短です。

あいこさん

高校生の息子がよく使います

高校生の息子が料理をするようになり、生協以外の買い出しを担当してくれることが増えました。冷蔵庫の残り食材をチェックしてから買い物に出るので、エコバッグは冷蔵庫のそばにあるキッチンシェルフが定位置です。マグネットフックでひっかけ収納。近所の病院の開業記念でもらったものですが、黒色で男性も持ちやすく、洗濯機で洗えて量も入るので気に入っています。

大木さん

北欧デザインのバッグはイケアで購入

玄関横のシューズクローゼットに、無印良品の壁に付けられる家具 フックを使って、エコバッグをひっかけています。これは家族全員が使うものなので、出かける前に必ず寄る場所を定位置にしました。私以外の男性家族も持てるデザインのものをイケアで発見。デザインや洗いやすさ、再生コットン製で環境に配慮されていることなどを決め手に選びました。

おわりに

〝食材の買い物〟を見直すための本。
ちょっと珍しいテーマで、1冊の本をつくりました。

買い物を見直したら、暮らしは大きく変わります。
今までの買い物によって奪われてきた多くのものが戻ってきて、
日々がラクになり、時間が生まれます。
それは心地よい暮らし研究会のメンバー全員が実感していることです。

でも、ぜひお伝えしておきたいことがひとつ。
それぞれの人にとっての正解の買い方は、
この本に出てくるアイデアを真似するだけではたどりつけないということ。

同じ家族でも子どもの成長や夫婦の加齢などで、食生活は変わっていきます。
時間がたっぷりあるときもあれば、ないときもあります。
だから、同じ人、同じ家族であっても正解の買い方は変わっていきます。

もちろん、多くの人の暮らしに役立つヒントになることを意識して
たくさんのアイデアや工夫を紹介してきたつもりです。
でも、暮らしは、やっぱり人それぞれのもの。
真似をしてみることは、第一歩ではありますが、
最終的には自分流、わが家流を探してみてください。
正解は人それぞれ違うからこそ、
自分流、わが家流が暮らしを心地よくします。
買い物をきっかけに
みなさんの暮らしが少しでも心地よくなることを願って……。

心地よい暮らし研究会　一同

撮影　安部まゆみ（一部の写真は著者提供）
ブックデザイン　knoma
イラスト　ますこえり
編集・文　加藤郷子
モデル（カバー）　ソギョン
ヘアメイク（カバー）　藤原リカ（スリーピース）
校正　深澤晴彦
編集統括　吉本光里（ワニブックス）

いま見直したい！　食材の買いグセ
みんなの買い物大全

著者　心地よい暮らし研究会
2021年6月10日　初版発行

発行者　横内正昭
編集人　青柳有紀
発行所　株式会社ワニブックス
〒150-8482
東京都渋谷区恵比寿4-4-9　えびす大黒ビル
電話　03-5449-2711（代表）　03-5449-2716（編集部）
ワニブックスHP　http://www.wani.co.jp/
WANI BOOKOUT　http://www.wanibookout.com/

印刷所　株式会社美松堂
製本所　ナショナル製本

ISBN 978-4-8470-7061-7